実際の入学試験と同様の採点基準で学習できる！

口頭試問 ペーパーレス編
最強マニュアル

～誰にも聞けない㊙攻略ガイド～

☞ ペーパーと口頭試問は観点が違う！

☞ 口頭試問で何が観られているのかを徹底解説

☞ 保護者は参考書として、志願者は問題集として活用できる

☞ 保護者にも志願者にも役立つ２部構成

☞ 採点表付きなので、ポイントがよくわかる

☞ 練習にも最終チェックにも使える

採点表付き!!

日本学習図書 代表取締役社長
解説：後藤 耕一朗

日本学習図書
http://www.nichigaku.jp

口頭試問最強マニュアル
ペーパーレス編

〈まえがき〉

　本書を発行するにあたり、保護者の方の「口頭試問ではどのような評価がされるのか」「口頭試問に対してどのような対策を取ればよいのか」という悩みを解決したいと思い、構想を練りました。

　弊社は昭和36年より小学校受験専門の出版社として活動しており、幼児教室は運営していません。その特徴から、

・私立小学校への協力（設立準備、教員研修、広報活動、入学試験など）
・学校を会場とした模擬テスト「小学校受験標準テスト」の開催
・東京私立小学校展への協力
・関西私立小学校展（2019年まで）の企画運営

などを行っています。

　中でも、私自身が国立・私立小学校の入学試験に関して、提案、問題作成など、アドバイザーとして多くの学校に関わっています。

　そうした経験をもとに、参考書兼問題集となる本書を制作いたしました。

　本書は、入学試験で採用されている採点基準に準じた内容になっているので、実際の入学試験と同様の学習を家庭で行うことができます。

　前半は口頭試問に関する情報、後半は実践形式の問題集という2部構成になっています。保護者の方が前半部分をしっかりと熟読し、理解した上で、お子さまが後半部分に取り組むことで、効果的に学習を進めることができます。

　また、お子さまが問題を解くだけでなく、保護者の方が口頭試問形式の試験を理解し、日常生活に落とし込んだ対策を取ることも大切です。

　後半部分の各問題についている採点表は、実際の入学試験でも採用されているチェック項目を使用しています。入試と同レベルの学習をお子さまといっしょに「笑顔」で取り組んでください。

　発行にあたり、各学校に幅広く献本を行いました。ですから、単なる問題集ではなく学校様には参考資料としてもご活用頂いている問題集となっています。

　本書がみなさまの合格の一助となれば幸いです。

日本学習図書株式会社
代表取締役社長
後藤耕一朗

〈入学試験の流れ〉

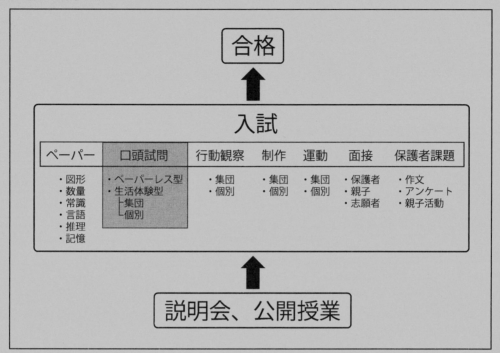

ペーパー	口頭試問	行動観察	制作	運動	面接	保護者課題
・図形 ・数量 ・常識 ・言語 ・推理 ・記憶	・ペーパーレス型 ・生活体験型 　├集団 　└個別	・集団 ・個別	・集団 ・個別	・集団 ・個別	・保護者 ・親子 ・志願者	・作文 ・アンケート ・親子活動

〈ポイント〉

　上記ようなの試験項目を組み合わせて、各学校では入学試験が行われています。

　望ましい子ども像などは、説明会での話や学校案内の中で説明されていることが多く、口頭試問形式の入学試験を実施している学校を志望する場合は特に重要です。

　その点をしっかりと理解して、日常生活の中で対策していく必要があります。

〈口頭試問とは〉

　　口頭試問は、観られているポイントをよく理解した上で対策を取らなければ効果的な学習はできません。

　　その理由は、**解答までのプロセスが採点対象になる**ため、付け焼き刃の対策が通用しないということです。そのため、しっかりとした力を身に付ける必要があります。

　　その点がペーパーテストと大きく違うところでしょう。

　　小学校受験で失敗しがちな例として、家庭学習の時に保護者の方が、正解か不正解かのみに意識を集中しすぎてしまうことがあります。

　　口頭試問は、「できる」こと以上に「わかる」ことが重要なポイントです。理解した上でどう考え、解答したかがその問題の評価になります（この点は後ほど触れていきます）。

　　ここを理解してしないと、本当の試験対策になりません。

　　ですから、口頭試問は、指導する保護者の方がその意味を理解していないと充分な対策ができません。

　　その点を踏まえ、本書は単なる問題集ではなく、保護者の方もいっしょに力が付けられるような構成になっています。

〈反復の重要性〉

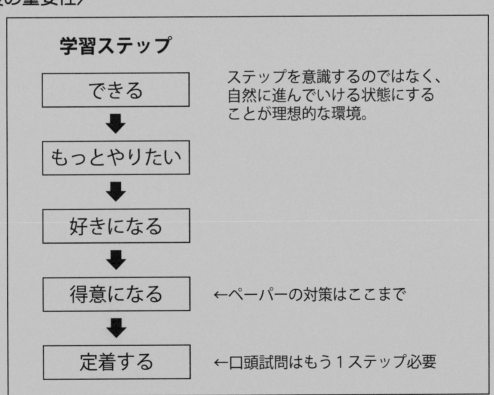

〈ポイント〉

　「できる」ことも大切ですが、「何で？」「どうして？」を日常生活に取り入れることが、口頭試問では重要になります。わかりやすく言うと、興味・関心を高める言葉がけが必要なのです。

　口頭試問は、「意欲」も採点対象になります。そして、この**「意欲」「興味・関心」は採点対象の中でも重要度の高いもの**です。

　ですから、これらを生活の中で身に付けるようにしていきましょう。

　口頭試問対策に寄り道はあっても近道はありません。保護者の方は、求められていること、身に付けなければいけないことをしっかりと理解した上で対策を取るようにしましょう。

　単にできればよいではダメなのが口頭試問なのです。

3時間目　口頭試問の特徴をおさえる

〈ペーパーとの違い〉

　　一番大きな違いは、先生が目の前にいて、すべてを観察されているという環境の中で問題に取り組まなければならないという点です。

　　先生に観察されながら解答するのは、かなりの重圧です。

　　この重圧を跳ね返せる自信を付けさせることも、口頭試問では大きなポイントです。自信を持っている子どもは、受け答えにも余裕があります。そうした気持ちのゆとりは、口頭試問の試験では強い武器になります。

〈評価の範囲〉

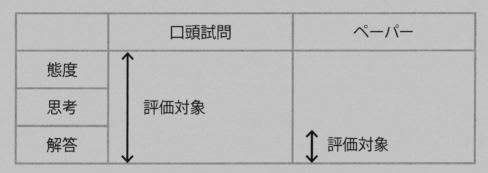

	口頭試問	ペーパー
態度		
思考	評価対象	
解答		評価対象

〈タイプ別採点対象〉

　　○ペーパーテスト…結果（解答のみが採点対象）
　　○口頭試問テスト…プロセス（解答以外も採点対象）

　　こうしたことからもわかると思いますが、実は、ペーパーよりも口頭試問の方が、対策に手間も時間もかかるのです。

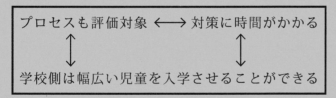

プロセスも評価対象 ⟷ 対策に時間がかかる

学校側は幅広い児童を入学させることができる

　　評価対象となる時間も長くなるため、集中力の持続が求められます。

　　しかも、**先生と１対１で向き合い、目の前で解答**しなければなりません。この緊張感は、ペーパーテスト（集団）の何倍も大きなプレッシャーとしてお子さまに降りかかってきます。そのための対策もしなければなりません。

〈口頭試問対策〉

　ペーパーテストでは、ハウツーを使えば、理解をしていなくてもある程度正解を導くことができますが、口頭試問の場合、その思考過程、出題によっては解答方法まで教師に観察されます。

　ですから、ふだんの学習では「理解」に重点を置かなければなりません。

　本書では、問題だけでなく採点表も掲載しています。その採点表は実際の入学試験で取り上げている観点を抽出したもので、本番さながらの採点を家庭で体験できます。

　また、採点表は評価のためだけに掲載しているのではありません。

　採点項目を知ることで、保護者の方が日常生活の中でお子さまに指導しなければならないことを把握することができるのです。

〈ポイント〉

こんなところは気を付けよう!!

保護者の方が結果（解答の正誤）ばかり気にしている。
　→各問題の採点基準を見れば、何を観られているかがわかるでしょう。

出題目的、採点の比重がペーパーテスト中心の入試を行っている学校と大幅に違う。
　→そこでよい成績をとるには、日常生活での心がけ大切になります。そこから何を学ぶかで口頭試問の成績は大きく違ってきます。

与えられた課題への取り組み方。
　→ただ「できる」だけでは充分ではありません。「自然にできる」ようになるまで定着させるようにしましょう。

参加する意欲と自然にできることが求められます。
↓
それが、口頭試問対策に時間がかかる理由です。

〈口頭試問には２パターンある〉

　口頭試問は、大別すると２つに分類することができます。

①ペーパーレス型
　ペーパーテストと同じように知識を問う課題が中心に出題される。
　具体物を使用して解答することもある。

②生活体験型
　生活体験にもとづく課題が中心に出題される。
　「こんな時はどうするか」「それはどうしてか」など、状況判断や自分の
　考えが求められる。

　試験がどちらのタイプかによって対策が異なります。

	ペーパーレス型	生活体験型
ペーパー学習	必要	常識問題は活用可
主な学習場所	机＋生活	生活
身に付ける力	解答にたどり着く力	生活にもとづく経験

ペーパーレス編

左のお手本の積み木より１つ少ない数で作れる形を選んで指をさしてください。目の前に置いてある積み木を使っても構いません。

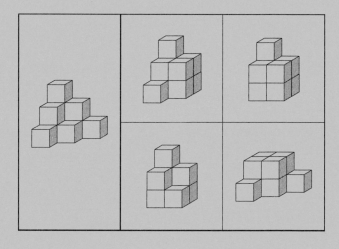

【この問題で観られているポイントはどこでしょうか。保護者の方は、３つ考えてみてください】

〈解説〉

　このようなペーパーレス型の口頭試問では、つい、解答の正誤をばかり意識してしまいがちですが、解答以外にも重要な観点が多くあります。
　みなさんはどんな予想をしたでしょうか。

（出題前）「待っている時の態度」「あいさつの有無」
　　　　　「（あいさつの）声の大きさ」
（試験中）「問題を聞いている時の態度」
　　　　　「聞き終わった時の表情」「取りかかりまでの時間」
　　　　　「集中力」「観察力」「答えるまでの試行錯誤」
　　　　　「具体物を使用して考えたか」
　　　　　「指示に従っているか」「言葉遣い」
　　　　　「（答える時の）声の大きさ」
（問題後）「正誤」「片付け」「姿勢」「使用後の椅子の状態」
　　　　　「あいさつの有無」「声の大きさ」

　思いつくだけでもこれだけのチェックポイントがあります。こういった多くの観点の中から、その学校が求めている要素が採点項目になります。
　課題に取り組んでいる間だけでなく、試験の最初から最後まで集中を保たなければなりません。
　さらに、解答した後には、「どうしてそれなのか」「ほかに答えはないか」など、重ねて質問されることもよくあります。
　こうした問いに対して、ハウツーでは対応できないのはおわかりいただけると思います。
　こうした内容を知ることで、取り組むべきことが少しずつわかってきたのではないでしょうか。

5時間目　採点の枠組みを知ろう

〈学校によって採点基準が異なる〉

　　採点の枠組みには大きく分けると２つのパターンがあります。
　　Ａパターンはお子さま自身を観たいと考えている学校に多く採用されており、Ｂパターンは思考の過程を観たいと考えている学校に多く採用されています。
　　本書ではどちらにもに対応できるように、両方の採点方法を掲載してあります。

〈パターン別採点の仕組み〉

```
┌─────────────────────────────────────────────┐
│                                             │
│   Ａパターン              Ｂパターン          │
│  ┌──────────────┐      ┌──────────────┐    │
│  │ 問題を解く前   │      │              │    │
│  │              │      │ 問題を解いている時 │    │
│  │ 問題を解いている時 │      │              │    │
│  │              │      │              │    │
│  │ 問題を解いた後  │      │              │    │
│  └──────────────┘      └──────────────┘    │
│                                             │
└─────────────────────────────────────────────┘
```

【Ａパターン】

　　試験官は流れに沿って志願者を観ています。特に問題を解いた後、緊張感から解放されるせいか、そこでミスをする志願者が数多くいます。そうした、課題以外の部分も重視しているタイプの学校はＡパターンを採用しています。

【Ｂパターン】

　　ペーパーテストでは測ることのできない、思考の過程を観ることができることから、ペーパーを重視しているタイプの学校はＢパターンが採用されます。ペーパーテストの延長線上にあると考えてよいでしょう。

〈採点表の判断基準〉

後半の問題を進めていく上での判断基準を説明しておきます。この基準は、実際の入学試験においても多くの学校で採用されているものです。
※すべての学校に当てはまるわけではありません。

【基　準】

```
3：よくできている　…　特筆すべきことがある
2：標　　準　　　　…　できている
1：できていない　　…　できていない
0：不　合　格　　　…　入学見送り
```

【説　明】

3…特筆すべき点があった場合は3点にします。学校が考えている以上の行動があった場合など。
（例）「退出する時に落ちているゴミを拾った」「使用していない椅子が乱れているのを直した」など

2…気になるようなことはなく、きちんとできた場合は2点になります。ですから、採点は2点を基準にしてください。

1…できていない。できていても気になるところがあった時は1点になります。

0…1つでも「0」と評価されると、ほかの点がどんなによくても不合格になります。 学校側が入学を避けたいと思っている要素を持っている場合です。学校によって、それぞれの基準を持っています。
（例）「席に座っていられない」「説明をしている（問題を解いている）最中にキョロキョロする」「説明に口を挟む」「説明を全く理解していない」「試験の最中に大きな声を発する」など

〈点数の目安〉

得点	ランク	評価
50〜60	S	合格ライン以上
41〜49	A	合格ライン
40	B	平均点
35〜39	C	もう少し努力しましょう
30〜34	D	努力を要します
29以下	E	不合格圏内
0評価あり	−	不合格確定

問題1　採点表

実施日　　年　月　日

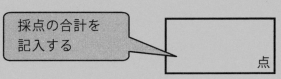

採点の合計を
記入する

点

		チェック項目	採点
試験前	1	返事はあったか	3 ・ 2 ・ 1 ・ 0
	2	入室時に落ち着いていたか	3 ・ 2 ・ 1 ・ 0
	3	あいさつはできたか	1 ・ 0
	4	指示があってから座った	1 ・ 0
試験中	5	座り方・姿勢は正しかっ	1 ・ 0
	6	キョロキョロしなかった	1 ・ 0
	7	解答の正誤	1 ・ 0
	8	問題をきちんと聞いていたか	3 ・ 2 ・ 1 ・ 0
	9	分配する時に工夫をしたか	3 ・ 2 ・ 1 ・ 0
	10	最後まで意欲的に取り組んでいたか	3 ・ 2 ・ 1 ・ 0
	11	集中して取り組んでいたか	3 ・ 2 ・ 1 ・ 0
	12	試行錯誤したか	3 ・ 2 ・ 1 ・ 0
	13	すぐに課題に取り組んだか	3 ・ 2 ・ 1 ・ 0
	14	おはじきの扱いはていねいだったか	3 ・ 2 ・ 1 ・ 0
	15	使ったものは片付けたか	3 ・ 2 ・ 1 ・ 0
	16	言葉遣いは正しかったか	3 ・ 2 ・ 1 ・ 0
	17	「終わりました」と言えたか	3 ・ 2 ・ 1 ・ 0
試験後	18	終わりのあいさつはできか	3 ・ 2 ・ 1 ・ 0
			3 ・ 2 ・ 1 ・ 0
			3 ・ 2 ・ 1 ・ 0

チェック項目に対して

3：特にすぐれていた
2：できた（2点が基準）
1：できていなかった
0：特にできていなかった
　　問題あり

取り組んでいて、気になったこと、
よかったことを記入しておくと、
後の参考となる。

〈メモ〉

〈主な採点項目の説明〉

【試験前】

■返事はあったか
　試験の時、受験番号で呼ばれたり、名前を呼ばれることがあります。その時に返事をしたかどうかがチェックされます。ただ、返事をすればよいというわけではありません。すぐに返事ができたか、大きな声ではっきりと返事ができていたかがポイントです。

■入室時に落ち着いていたか
　１つひとつの動作がしっかりしているか。ダラダラした動作になっていないか。いわゆる第一印象です。ですから、入室時には特に気を付けたいものです。

■あいさつはできたか
　先生の前に来た時に自分からあいさつをしたかどうかです。促されてからあいさつをするのはよくありません。大きくハキハキした声、明るい表情であいさつをすることが大切です。また、お辞儀をしながら言葉を発するのではなく「お願いします」と言い終わってからお辞儀をするようにしましょう。

■指示があってから座ったか
　よくあるミスの１つです。このミスに気が付くと、その後、慌ててしまうものです。先生の話や指示をしっかり聞き、その通りに行動できるようにしましょう。もし、誤って座ってしまったら、「すみません。先に座ってしまいました」と言いましょう。逆に評価が高くなることもあります（わざとするのは論外です）。対応策は一連の動作を自然にできるようにすることです。

■座り方・姿勢は正しかったか
　男の子によく見られるミスです。椅子に浅く腰かけ、背にもたれかかるようにして足を前に投げ出す姿勢は、面接の後半になればなるほど、多くなります。緊張感を持って、背もたれに寄りかからず、胸を張って座るようにしましょう。

■キョロキョロしなかったか
　はじめての場所なので、珍しいものもあります。だからといってキョロキョロするのはやめましょう。また、相手を見ずに伏し目がちに対応するのもよくありません。先生の目をしっかりと見て話をしましょう。先生が複数いる場合、話をしている先生の方を見るようにしてください。この時、話をしている先生の方に身体を向けるのがベストですが、そこまでできなくても構いません。

【試験中】

■解答の正誤
　知識を問う問題にはこの採点項目が存在します。保護者の方は家庭学習をしていると、解答にばかりに意識が集中してしまいますが、採点項目全体からすると、それほどウエイトは高くありません。口頭試問テストのねらいは、解答の正誤だけではなく、その子どもが持っている総合的な力を観ることです。

■正しい姿勢で取り組んでいたか

重要な項目の1つです。試験の時間すらおとなしく座っていられないということは授業中もじっとしていられないと判断されかねません。集中力、意欲を関連付けて確認してください。この項目は厳しくチェックして、対策を取ることをおすすめします。

■集中して取り組んでいたか

これも学校側が重視している項目の1つです。なぜかというと学力を伸ばすために必要な力の1つだからです。採点する時、お子さまの集中力がどれくらい継続しているかをチェックしてください。1つの問題に対する集中力と、試験時間全体に対する集中力を総合的に観察して評価しましょう。

■意欲的に取り組んでいたか

口頭試問形式で行うテストの目的の1つです。ペーパーテストは結果で判断しますが、口頭試問は、解答を導き出すまでのプロセスも評価します。この項目は特に厳しく採点することをおすすめします。

■試行錯誤したか

解答を導き出す時に、すぐに解答が出せるお子さまと、そうでないお子さまがいます。後者の場合、いろいろと創意工夫していると判断され、それがよい評価を受ける場合もあります。逆にすぐに解答が出せた子どもに対して、「こうしたらどうなるかな」と違った切り口で質問をした時に答えが出てこないと、いかにも一夜漬けしたように見え、よい評価を得られないこともあります。とにかく柔軟な思考力が必要ということです。

■最後まであきらめずに取り組んでいたか

わからなくても最後まで一生懸命取り組むことは大切なことです。わからないからといって投げ出してしまうようでは、ほかのことでも投げ出してしまうのではと受け取られます。学習はわからないことをわかるようにすることなので、投げ出してしまう子どもは、学校側は歓迎しません。

■工夫は見られたか

口頭試問形式の試験は、答え方は1つとは限りません。「これがダメならあれ」「こうしたらどうだろう」ということを観るための試験でもあります。興味・関心、知的好奇心を持てるように指導してください。その延長に創意工夫があるのです。

■使ったものは片付けたか

一見、片付けは試験とは関係ないように思えるかもしれませんが片付けも重要な観点の1つです。課題が終わった後にミスが出やすいと言ってきましたが、この観点もその中に含まれます。この項目にチェックが入った時、終了後の椅子の状態がどうなっているかもあわせて確認しましょう。

■言葉遣いは正しかったか

なれなれしい言葉で解答したり、単語だけで答えるお子さまが増えています。はじめて会う大人との会話はどのようにすべきなのかをしっかりと身に付けましょう。一番よくないのは黙ってしまうことです。わからない時は「わかりません」と言えることが大切です。

【試験後】

■ **終わりのあいさつはできたか**
ミスは課題が終わった後に集中します。終わったと安心して、あいさつを
せずに退出する子どもを多く見かけます。ある程度は学校も気持ちを汲ん
でくれますが、だからと言ってしなくてよいというわけではありません。
はじめにしたのと同様のレベルで行いましょう。経験を積んで、正しいあ
いさつをしっかりと身に付けてください。

■ **椅子はきちんとしまったか**
椅子をしまい忘れる子どもが多く見られます。これは緊張ということもあ
るでしょうが、日常生活において椅子をしまうことが徹底されていないこ
とが原因と思われます。ふだんからきちんとしていれば、緊張に関係なく
しまうことができるはずです。また、中途半端にしまった状態も望ましい
とは言えません。

■ **出る時のあいさつはできたか**
開始時と同じレベルでのあいさつが求められます。試験が始まる前の差は
大きくありませんが、試験後に差が開いてしまうことが多くあります。最
後まで緊張感を持って臨みましょう。

問題＆採点表

問題1　分野：数量（数を分ける）

〈準　備〉　おはじき（10個）

〈問　題〉　５匹のネズミくんに、ドングリを同じ数ずつ配ります。
　　　　　①１ずつ配った時、ドングリは余ると思いますか、それとも余らないと思いますか。余ると思う人は、左下の四角の中におはじきを１つ置いてください。余らないと思う人は２つ置いてください。
　　　　　②２ずつ配った時、ドングリはいくつ余ると思いますか。その数だけ、右下の四角の中におはじきを置いてください。

〈時　間〉　各20秒

〈解　答〉　①１つ置く　②２つ置く

 学習のポイント

　まず、次ページの採点表をご覧ください。おそらく、「こんなにチェック項目があるのか」と驚かれると思います。実際の入学試験は、ここまで細かくはありませんがチェック項目は１問につき、10～20項目程度あると思ってください。
　しかも、問題ごとにチェック項目が変わるので、口頭試問は幅広い範囲にわたっての対策が必要になるということが理解できると思います。口頭試問の試験では、解答の正誤だけでなく、問題を始める時から終わる時までのすべてが評価対象になります。ですから、付け焼き刃での対策は不可能と言わざるを得ません。口頭試問対策の第一歩は、採点表の項目をしっかりと把握することです。その上で、日常生活にどう落とし込んでいけるかを考えていくとよいでしょう。
　この問題はおはじきを使用して解答しますが、「ものをていねいに扱っているか」「課題への取り組みは早いか」なども採点対象になります。問題を解くというと、保護者の方はどうしても正解・不正解ばかりが気になってしまうと思いますが、口頭試問では、お子さまをしっかりと観察し、採点表に書かれている内容とお子さまの現状とを照らし合わせることに主眼を置いてください。そうすることで、口頭試問対策は、机上だけでなく、日常生活で得られることがたくさんあると理解できるでしょう。

問題1　採点表

点

		チェック項目	採点
試験前	1	返事はあったか	3・2・1・0
	2	入室時に落ち着いていたか	3・2・1・0
	3	あいさつはできたか	3・2・1・0
	4	指示があってから座ったか	3・2・1・0
	5	座り方・姿勢は正しかったか	3・2・1・0
	6	キョロキョロしなかったか	3・2・1・0
試験中	7	解答の正誤	3・2・1・0
	8	問題をきちんと聞いていたか	3・2・1・0
	9	分配する時に工夫をしたか	3・2・1・0
	10	最後まで意欲的に取り組んでいたか	3・2・1・0
	11	集中して取り組んでいたか	3・2・1・0
	12	試行錯誤したか	3・2・1・0
	13	すぐに課題に取り組んだか	3・2・1・0
	14	おはじきの扱いはていねいだったか	3・2・1・0
	15	使ったものは片付けたか	3・2・1・0
	16	言葉遣いは正しかったか	3・2・1・0
	17	「終わりました」と言えたか	3・2・1・0
試験後	18	終わりのあいさつはできたか	3・2・1・0
	19	椅子はきちんとしまったか	3・2・1・0
	20	出る時のあいさつはできたか	3・2・1・0

〈メモ〉

問題2　分野：巧緻性、図形（パズル）

〈準　備〉　ハサミ

〈問　題〉　**この問題の絵は縦に使用してください。**
　　　　　①問題2-①の絵を、線に沿って切り分けてください。
　　　　　②（問題2-②の絵を見せる）
　　　　　　切り分けたパーツを使って見本と同じ形を作ってください。
　　　　　③（問題2-③の絵を見せる）
　　　　　　切り分けたパーツを使って見本と同じ形を作ってください。

〈時　間〉　①2分　②③各1分

〈解　答〉　省略

 学習のポイント

この問題は、ハサミを使って絵を切るところから始まります。保護者の方は、ハサミを使用する時にどんなチェック項目が思い浮かぶでしょうか。こうした、保護者の方の気付きや観点の発見が試験対策になります。問題の観点を考える時、思いつくままに箇条書きにしてもなかなか上手くはいきません。すぐに行き詰まってしまうと思います。
試験の観点を論理的に見つけるためには、行動ごとに分けて考えていくとよいでしょう。
　1．ハサミを手に取る時
　2．ハサミを使っている時（態度など）
　3．ハサミの使い方（技術面など）
　4．ハサミを使った後
このように大きく4つに分けます。その後、それぞれをさらに細かく分けていくことで、いろいろな観点を見つけることができます。
例えば、「ハサミを使っている時」では、
①刃先を人に向けてないか
②ハサミを持って振り回していないか
③使っていない時は机の上に置いているか
④置き方（向き）は大丈夫か
など、それぞれ細かくチェックすることができます。

問題2　採点表

点

		チェック項目	採点
試験前	1	返事はあったか	3 ・ 2 ・ 1 ・ 0
	2	入室時に落ち着いていたか	3 ・ 2 ・ 1 ・ 0
	3	あいさつはできたか	3 ・ 2 ・ 1 ・ 0
	4	指示があってから座ったか	3 ・ 2 ・ 1 ・ 0
試験中	5	ハサミは正しく使えたか	3 ・ 2 ・ 1 ・ 0
	6	使用後のハサミの置き方は正しかったか	3 ・ 2 ・ 1 ・ 0
	7	うまく切れていたか	3 ・ 2 ・ 1 ・ 0
	8	切った後のゴミは片付けたか	3 ・ 2 ・ 1 ・ 0
	9	解答の正誤	3 ・ 2 ・ 1 ・ 0
	10	正しい姿勢で取り組んでいたか	3 ・ 2 ・ 1 ・ 0
	11	最後まであきらめずに取り組んでいたか	3 ・ 2 ・ 1 ・ 0
	12	試行錯誤したか	3 ・ 2 ・ 1 ・ 0
	13	工夫は見られたか	3 ・ 2 ・ 1 ・ 0
	14	すぐに課題に取り組んだか	3 ・ 2 ・ 1 ・ 0
	15	手を動かすスピードは早かったか	3 ・ 2 ・ 1 ・ 0
	16	問題終了後の机上は整理されていたか	3 ・ 2 ・ 1 ・ 0
	17	話をきちんと聞いていたか	3 ・ 2 ・ 1 ・ 0
試験後	18	終わりのあいさつはできたか	3 ・ 2 ・ 1 ・ 0
	19	椅子はきちんとしまったか	3 ・ 2 ・ 1 ・ 0
	20	出る時のあいさつはできたか	3 ・ 2 ・ 1 ・ 0

〈メモ〉

問題3　分野：図形（積み木）

〈準 備〉　積み木（あらかじめ、積み木を問題3-①、3-②の絵の通りに積んでおく）

〈問 題〉　この問題の絵は縦に使用し、参考として使用してください。
①のお手本と同じ形を作ってください。終わったら②のお手本と同じ形を作ってください。

〈時 間〉　5分

〈解 答〉　省略

 学習のポイント

口頭試問対策の積み木の学習は、そのままペーパー対策や入学後の学習にもつながっていきます。ペーパーで積み木の問題を解く場合、頭の中で積み木を積んだり、移動させる必要があります。そうしたことを行うためには、実際に積み木を操作した経験が必要です。その土台があってはじめて、頭の中で積み木の操作ができるようになるのです。

同じ形に積み木を積むためには、観察力が必要になります。どの積み木を何個使うのか、どこから積み始めるのか、どこに積み木を置けばよいのかなどを把握できなければなりません。

考える時間が長くなれば、残りの解答時間（作業時間）は短くなります。ですから、練習を繰り返して考える時間を短くすることで、ゆとりを持って作業することができるようになります。また、積み木の問題は経験する（慣れる）ことで、理解を深めることができます。慣れていくことで早くできるようにもなるので、焦らずに取り組むようにしましょう。また、積み木の操作は、面積や体積の学習にも影響を与えます。たくさん積み木で遊んだお子さまは、面積や体積の授業でのつまづきが少ないと言われています。

忘れがちですが、解き終えた時、お子さまは「終わりました」と言えたでしょうか。終わったのか、終わっていないのか、黙っていたのではわかりません。問題が終わった後、試験官の目を見て「終わりました」と言えば、相手に意思が伝わります。こうした小さなことが、口頭試問では少なからず影響することを忘れないでください。

問題3　採点表

点

		チェック項目	採点
試験前	1	返事はあったか	3・2・1・0
	2	入室時に落ち着いていたか	3・2・1・0
	3	あいさつはできたか	3・2・1・0
	4	指示があってから座ったか	3・2・1・0
試験中	5	すぐに課題に取り組んだか	3・2・1・0
	6	積み木の扱いはていねいだったか	3・2・1・0
	7	積み木の積み方に工夫があったか	3・2・1・0
	8	積み木の構成を正しく理解していたか	3・2・1・0
	9	使用しない積み木をきちんと片付けたか	3・2・1・0
	10	時間内に終わらせることができたか	3・2・1・0
	11	きれいに積むことができたか	3・2・1・0
	12	工夫は見られたか	3・2・1・0
	13	両手を使っていたか	3・2・1・0
	14	正しく積むことができたか	3・2・1・0
	15	手を動かすスピードは早かったか	3・2・1・0
	16	失敗してもあきらめなかったか	3・2・1・0
	17	最後まで集中できていたか	3・2・1・0
試験後	18	終わりのあいさつはできたか	3・2・1・0
	19	椅子はきちんとしまったか	3・2・1・0
	20	出る時のあいさつはできたか	3・2・1・0

〈メモ〉

〈 準 備 〉　なし

〈 問 題 〉　この問題の絵はありません。
　　　　　　お話を聞いて、後の質問に答えてください。

　　　　　　ウサギさんとサルさんが公園にいます。はじめにブランコで遊びました。次に
　　　　　　砂場でお団子を作って遊びました。するとハトさんがやってきて「入れて」と
　　　　　　言ったので、ウサギさん、サルさん、ハトさんでいっしょに遊びました。その
　　　　　　後、ハトさんは、いっしょに遊んでくれたお礼に、秘密のお花畑に連れて行っ
　　　　　　てくれました。

　　　　　　①ウサギさんとサルさんは、公園で何をして遊びましたか。お話してくださ
　　　　　　　い。
　　　　　　②ハトさんは、どうしてウサギさんとサルさんを秘密のお花畑に連れて行って
　　　　　　　くれたのですか。お話してください。

〈 時 間 〉　各1分

〈 解 答 〉　省略

 学習のポイント

お話の記憶には、授業に必要な要素がたくさん詰まっており、この分野の力量はどの学校
でも重要な観点の1つになっています。
入学後の授業についていけるかどうかは学校側からすると、選考の大きな要素となりま
す。それを観るためには、お話の記憶は最適な課題と言えるでしょう。
特に口頭試問では、先生を目の前にした状態で、話を聞き、理解し、記憶し、解答しなけ
ればなりません。志願者の緊張感も高くなるので、問題自体の難度とは別の意味で、正答
することが難しくなることもあります。
ペーパーテストの場合は、先生数名に対して志願者が20～30名なので、先生の目は1人
には集中しません。しかし、口頭試問では先生と志願者が1対1で行われることが多く、
学校によっては、先生が複数いる場合もあります。そうした状態でお話を記憶するのは大
変です。しかも、記憶した内容をもとに質問に答えなければならないのです。
この問題は、お話の長さと内容を考えると、即答が求められるレベルです。ですから、自
ずと解答にもスピードが求められます。
そしてやっかいなのは、お話の記憶の場合、ものを操作するのではなく、口頭で解答する
ところです。解答を考えている最中に姿勢が崩れることが多いので、そうしたところで差
がついてしまうことがあります。姿勢が悪くなる原因は、答えを考えることに意識が集中
しすぎて、姿勢よくしなければいけないという意識が薄れてしまうことです。そうならな
いように、ふだんから姿勢には気を付けるようにしましょう。

問題4　採点表

点

		チェック項目	採点
試験前	1	返事はあったか	3・2・1・0
	2	入室時に落ち着いていたか	3・2・1・0
	3	あいさつはできたか	3・2・1・0
	4	指示があってから座ったか	3・2・1・0
試験中	5	正しい姿勢で話を聞いていたか	3・2・1・0
	6	目を見て話を聞いていたか	3・2・1・0
	7	集中して話を聞いていたか	3・2・1・0
	8	話を記憶できていたか	3・2・1・0
	9	①解答の正誤	3・2・1・0
	10	目を見て答えていたか	3・2・1・0
	11	正しい姿勢で答えていたか	3・2・1・0
	12	大きな声で答えていたか	3・2・1・0
	13	意欲的に取り組んでいたか	3・2・1・0
	14	②解答の正誤	3・2・1・0
	15	②解答に生活体験が表れていたか	3・2・1・0
	16	②最後まであきらめずに取り組んだか	3・2・1・0
	17	すぐに課題に取り組んだか	3・2・1・0
試験後	18	終わりのあいさつはできたか	3・2・1・0
	19	椅子はきちんとしまったか	3・2・1・0
	20	出る時のあいさつはできたか	3・2・1・0

〈メモ〉

| 問題5 | 分野：言語（しりとり） |

〈 準 備 〉　あらかじめ、問題５の上の段の絵を線に沿って切り分けて渡しておく。

〈 問 題 〉　**この問題の絵は縦に使用してください。**
　　　　　　（問題５の下の段の絵を見せる）
　　　　　　いろいろな生きものが、しりとりでつながっています。
　　　　　　①★のマークのところに入る生きもののカードを選んで、私に渡してください。
　　　　　　②▼のマークのところに入る生きもののカードを選んで、私に渡してください。

〈 時 間 〉　各20秒

〈 解 答 〉　①ダチョウ　②マンボウ

 学習のポイント

この問題をお子さまがどのように解答したかをよく観ておいてください。１つひとつ手を動かして当てはめていったでしょうか。それとも、じっくり考えて解答を見つけてから手を動かしたでしょうか。

どちらがよいと思いますか。みなさん考えてみてください。

実は、どちらでもよいのです。これが口頭試問形式の入試です。

前者の場合は、試行錯誤しながら取り組むお子さまで、後者の場合は、堅実に取り組むタイプのお子さまということになります。こうした特徴を観ることも、口頭試問を行う理由の１つなのです。「これがダメなら次はこれ」と試行錯誤しながら解答を見つけることも、言葉のつながりを頭の中でしっかりと整理して解答を見つけることも、どちらが正解ということはないのです。

どちらの方法を用いるにしても、焦らず、しっかりと取り組むように指導してください。

また、声を出しながら考えるのはやめましょう。これは、同じ試験会場に別の人が試験を受けていることを想定してのことです。声を出すことで、ほかの人のじゃまになってしまいます。ふだんから声を出さずに解答できるように練習しておいてください。この方法はペーパー対策にもつながります。

見逃しがちなところですが、解答後、使用しなかったカードを見てください。バラバラになっているでしょうか。それともまとめてあるでしょうか。ちょっとしたことですが、そうしたところも観られています。

問題5　採点表

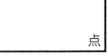

点

		チェック項目	採点
試験前	1	返事はあったか	3 ・ 2 ・ 1 ・ 0
	2	入室時に落ち着いていたか	3 ・ 2 ・ 1 ・ 0
	3	あいさつはできたか	3 ・ 2 ・ 1 ・ 0
	4	指示があってから座ったか	3 ・ 2 ・ 1 ・ 0
試験中	5	出題の意図を理解していたか	3 ・ 2 ・ 1 ・ 0
	6	解答の正誤	3 ・ 2 ・ 1 ・ 0
	7	正しい姿勢で取り組んでいたか	3 ・ 2 ・ 1 ・ 0
	8	試行錯誤したか	3 ・ 2 ・ 1 ・ 0
	9	問題を解く時に工夫は見られたか	3 ・ 2 ・ 1 ・ 0
	10	最後まであきらめずに取り組んだか	3 ・ 2 ・ 1 ・ 0
	11	すぐに課題に取り組んだか	3 ・ 2 ・ 1 ・ 0
	12	手を動かすスピードは早かったか	3 ・ 2 ・ 1 ・ 0
	13	カードを渡す時に言葉はあったか	3 ・ 2 ・ 1 ・ 0
	14	意欲的に取り組んでいたか	3 ・ 2 ・ 1 ・ 0
	15	声を出さずに考えていたか	3 ・ 2 ・ 1 ・ 0
	16	問題終了後の机上は整理されていたか	3 ・ 2 ・ 1 ・ 0
	17	話をきちんと聞いていたか	3 ・ 2 ・ 1 ・ 0
試験後	18	終わりのあいさつはできたか	3 ・ 2 ・ 1 ・ 0
	19	椅子はきちんとしまったか	3 ・ 2 ・ 1 ・ 0
	20	出る時のあいさつはできたか	3 ・ 2 ・ 1 ・ 0

〈メモ〉

〈準 備〉 あらかじめ、問題6-①②、問題6-③④の絵を太線に沿って切り分けておく。

〈問 題〉 この問題の絵は縦に使用してください。
（問題6-①②の絵を切ったものを渡す）
1枚のピザを、1切れずつ分けます。
①1人が食べられる量が、1番多いものはどれですか。
②1人が食べられる量が、2番目に少ないものはどれですか。
（問題6-③④の絵を切ったものを渡す）
③長い順に左から並べてください。
④2番目に長いものはどれですか。

〈時 間〉 ①②④各20秒　③30秒

〈解 答〉 ①左上（3分割）　②左下（6分割）　③省略　④右端

 学習のポイント

①のピザを切り分ける問題は、生活体験の多少が影響します。ピザを切り分けた経験があれば、切った数が増えるほど1切れが小さくなることは理解できると思います。ただ、経験がなくても、弧の長さや中心部分の角度などを比べれば、大きさの違いはわかります。また、3等分と6等分を比較すれば、3等分の1つの大きさと、6等分の2つの大きさが同じであることがわかります。ここから、4等分と8等分の関係性も導き出せるはずです。こうしたことがわかれば、大きさの順番に4つを並べることができます。扇形の比較は日常生活ではあまり触れることがありません。だからこそ、そうした機会を逃さずに意識付けをすることが重要になります。

わからなかった時に、その場で考えて答えにたどり着くことも口頭試問で求められている力の1つと言えます。口頭試問では、わからない場合に、ただ頭の中で考えるだけでなく、手を使って、いろいろと試行錯誤しながら解答を導き出していくことが大切なのです。

問題6　採点表

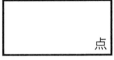

点

		チェック項目	採点
試験前	1	返事はあったか	3・2・1・0
	2	入室時に落ち着いていたか	3・2・1・0
	3	あいさつはできたか	3・2・1・0
	4	指示があってから座ったか	3・2・1・0
試験中	5	出題の意図を理解していたか	3・2・1・0
	6	頭の中で考えて解答していた	3・2・1・0
	7	紙を動かしながら解答していた	3・2・1・0
	8	①解答の正誤	3・2・1・0
	9	②解答の正誤	3・2・1・0
	10	③解答の正誤	3・2・1・0
	11	③並べるスピードは早かったか	3・2・1・0
	12	④解答の正誤	3・2・1・0
	13	大きな声で答えていたか	3・2・1・0
	14	「です」「ます」を付けて答えていたか	3・2・1・0
	15	すぐに課題に取り組んだか	3・2・1・0
	16	問題終了後の机上は整理されていたか	3・2・1・0
	17	話をきちんと聞いていたか	3・2・1・0
試験後	18	終わりのあいさつはできたか	3・2・1・0
	19	椅子はきちんとしまったか	3・2・1・0
	20	出る時のあいさつはできたか	3・2・1・0

〈メモ〉

〈 準 備 〉 あらかじめ、問題7の絵を線に沿って切り分けてカードを作っておく。

〈 問 題 〉 （カードを1枚ずつ見せる）
この絵はどんな音がすると思いますか。答えてください。

〈 時 間 〉 各15秒（即答が望ましい）

〈解答例〉 ①ゴクゴク ②ジャージャー ③ザーザー ④サッサッ ⑤パリン ⑥チリン
※上記以外でも、妥当であれば正解としてください。

 学習のポイント

この問題には、見落としがちな一面があります。そこに気が付くか、もしくは自然にできることがポイントの1つと言えるでしょう。そのポイントとは、解答する時の「表情」です。

みなさんが試験官だとしたら、無表情で「ゴクゴクです」と答えるのと、ニコニコしながら「ゴクゴクです」と答えるのとでは、どちらによい印象を持つでしょうか。ニコニコしているのを見ると、「何でニコニコしているのだろう」「何を想像しているのだろう」と、その背景を考えると思います。それは試験官も同じです。そうした時には、「楽しそうだね。何を思い出していたの」などと、会話が発展することがあります。発展的な質問がされた時は、よい評価を得ていると考えられます。お子さま自身やその答えに興味を持ったから、試験官がもっと知りたいと思い、質問を重ねるのです。

そして、全体的に表情豊かに解答できたなら、興味・関心、意欲的に取り組んでいるという採点項目に高評価がつきます。

ふだんの学習において、保護者の方が解答の正誤ばかりを気にして取り組んでいたのでは、こうした力は身に付きません。

この問題で「音」についての解答をした後、「この後、どうしますか」「何を使いますか」「どういうことに気を付けますか」「いつ使いますか」といった、それぞれの絵に関連したことを質問してみましょう。そうすることで発展した学習を行うことができ、対応力の強化に役立ちます。

問題7　採点表

点

		チェック項目	採点
試験前	1	返事はあったか	3 ・ 2 ・ 1 ・ 0
	2	入室時に落ち着いていたか	3 ・ 2 ・ 1 ・ 0
	3	あいさつはできたか	3 ・ 2 ・ 1 ・ 0
	4	指示があってから座ったか	3 ・ 2 ・ 1 ・ 0
試験中	5	恥ずかしがらずに答えていたか	3 ・ 2 ・ 1 ・ 0
	6	意欲的に取り組んでいたか	3 ・ 2 ・ 1 ・ 0
	7	目を見て答えていたか	3 ・ 2 ・ 1 ・ 0
	8	大きな声で答えていたか	3 ・ 2 ・ 1 ・ 0
	9	笑顔で取り組んでいたか	3 ・ 2 ・ 1 ・ 0
	10	「です」「ます」を付けて答えていたか	3 ・ 2 ・ 1 ・ 0
	11	すぐ課題に取り組んだか	3 ・ 2 ・ 1 ・ 0
	12	印象的な解答だったか	3 ・ 2 ・ 1 ・ 0
	13	工夫は見られたか	3 ・ 2 ・ 1 ・ 0
	14	最後まであきらめずに取り組んでいたか	3 ・ 2 ・ 1 ・ 0
	15	正しい姿勢で取り組んでいたか	3 ・ 2 ・ 1 ・ 0
	16	脚をブラブラさせていなかったか	3 ・ 2 ・ 1 ・ 0
	17	問題をきちんと聞いていたか	3 ・ 2 ・ 1 ・ 0
試験後	18	終わりのあいさつはできたか	3 ・ 2 ・ 1 ・ 0
	19	椅子はきちんとしまったか	3 ・ 2 ・ 1 ・ 0
	20	出る時のあいさつはできたか	3 ・ 2 ・ 1 ・ 0

〈メモ〉

問題8　分野：数量（数を分ける）

〈準　備〉　おはじき（10個）

〈問　題〉　5羽のアヒルに、同じ数だけおはじきをあげましょう。それぞれの四角の中に
　　　　　　おはじきを置いていってください。おはじきは余らないようにしましょう。

〈時　間〉　1分

〈解　答〉　2個ずつ

 学習のポイント

問題自体は、特に難しくありません。ですから、このような問題の場合は、できたかどう
かよりも、どんなアプローチをしたかにポイントが置かれます。解答する時に、1つずつ
おはじきを置いていったのか。それとも、先に置く数を考えてからまとめて置いていった
のか。お子さまは、どちらの解答方法を用いたでしょうか。前者の場合、分配の経験が少
ない場合によく用いられ、後者の場合は、分配の経験が多い場合によく用いられます。
こうした解答方法の違いによって、お子さまの体験の多少を判断することができます。ま
た、解答方法の違いだけで、体験の多少を判断するわけではありません。それ以外にも、
分配をするまでの時間や手つきなどの違いなどからも、体験の多少が判断されます。
逆に、「簡単だ。すぐにできる」と思った場合、スピードを意識するあまり、おはじきの
操作が雑になることがあります。そうすると、解答以外の部分で減点され、正解している
にも関わらず、結果的に高い点数が得られないことになります。
口頭試問の対策をする場合、こうした解答以外のことにも配慮しなければなりません。家
庭学習を行う際も、解答を間違えた場合は、どこで間違えたのかをしっかりと検証して
ください。そして、その後の問題につなげていくとよいでしょう。間違えた問題の復習を
する時は、答えを教えるのではなく、お子さま自身に間違いを発見させることに主眼を置
いて取り組んでください。教えられたものと、発見したものとでは、修得後に差が生じま
す。保護者の方が中心になるのではなく、お子さまが主役になる学習を心がけてくださ
い。

問題8　採点表

点

		チェック項目	採点
試験前	1	返事はあったか	3 ・ 2 ・ 1 ・ 0
	2	入室時に落ち着いていたか	3 ・ 2 ・ 1 ・ 0
	3	あいさつはできたか	3 ・ 2 ・ 1 ・ 0
	4	指示があってから座ったか	3 ・ 2 ・ 1 ・ 0
試験中	5	出題の意図を理解していたか	3 ・ 2 ・ 1 ・ 0
	6	おはじきの扱い方はていねいだったか	3 ・ 2 ・ 1 ・ 0
	7	おはじきを両手で扱っていたか	3 ・ 2 ・ 1 ・ 0
	8	解答の正誤	3 ・ 2 ・ 1 ・ 0
	9	枠の中におはじきがきちんと収まっていたか	3 ・ 2 ・ 1 ・ 0
	10	数に対する理解が見えたか	3 ・ 2 ・ 1 ・ 0
	11	最後まであきらめずに取り組んでいたか	3 ・ 2 ・ 1 ・ 0
	12	迷わずに解答できたか	3 ・ 2 ・ 1 ・ 0
	13	工夫は見られたか	3 ・ 2 ・ 1 ・ 0
	14	すぐに課題に取り組んだか	3 ・ 2 ・ 1 ・ 0
	15	経験にもとづいた行動が見られたか	3 ・ 2 ・ 1 ・ 0
	16	問題終了後の机上は整理されていたか	3 ・ 2 ・ 1 ・ 0
	17	「終わりました」が言えたか	3 ・ 2 ・ 1 ・ 0
試験後	18	終わりのあいさつはできたか	3 ・ 2 ・ 1 ・ 0
	19	椅子はきちんとしまったか	3 ・ 2 ・ 1 ・ 0
	20	出る時のあいさつはできたか	3 ・ 2 ・ 1 ・ 0

〈メモ〉

| 問題9 | 分野：推理（水の量） |

〈準　備〉　同じ大きさの容器4つ（中が見えるもの。それぞれ量を変えて色水を入れてお
　　　　　　く）

〈問　題〉　**この問題は絵を参考にしてください。**
　　　　　　（容器を並べる）ここに薬の入った容器があります。
　　　　　　①薬の量が多い順に左から容器を並べてください。
　　　　　　②薬が3番目に多いのはどの容器ですか。指でさしてください。

〈時　間〉　①30秒　②即答が望ましい

〈解　答〉　省略

 学習のポイント

　まず、同じ形の場合、水の高さが高い方が量も多いということを理解しているでしょう
か。水の高さが同じなら容器が大きい方が水の量も多いということも把握できているで
しょうか。この点を確認してください。また、水の量と同時に重さについても理解している
か確認してみましょう。「水の量が多い方が重い」という関係性を理解していなければなり
ません。
　今回の問題は、2問とも「多い」という問われ方をしていますが、問われ方が「重たい」
に変わってもスムーズに対応できるでしょうか。こうした変化があっても対応できるよう
にしておきましょう。
　また、「〇番目に多い」「〇番目に少ない」という指示を、しっかりと理解できているで
しょうか。「量と重さ」「序列」の2つの要素を織り交ぜて問われても対応できるよう
に、しっかり対策を取っておきましょう。
　比較するものが5つあったとき「2番目に多いもの」と「4番目に少ないもの」が同じと
いうことを理解できているでしょうか。これは口頭試問のみならず、ペーパーテストにお
いても必要な力なので、理解しておいてください。
　問われ方が変化した時、お子さまはどのような表情をしたでしょうか。そうした表情から
も、お子さまの理解度を測ることができます。

問題9　採点表

点

		チェック項目	採点
試験前	1	返事はあったか	3 ・ 2 ・ 1 ・ 0
	2	入室時に落ち着いていたか	3 ・ 2 ・ 1 ・ 0
	3	あいさつはできたか	3 ・ 2 ・ 1 ・ 0
	4	指示があってから座ったか	3 ・ 2 ・ 1 ・ 0
試験中	5	容器を動かして比較をしたか	3 ・ 2 ・ 1 ・ 0
	6	スムーズに比較ができたか	3 ・ 2 ・ 1 ・ 0
	7	①解答の正誤	3 ・ 2 ・ 1 ・ 0
	8	①「終わりました」が言えたか	3 ・ 2 ・ 1 ・ 0
	9	①並べるスピードは早かったか	3 ・ 2 ・ 1 ・ 0
	10	②解答の正誤	3 ・ 2 ・ 1 ・ 0
	11	②解答を指さす時に言葉があったか	3 ・ 2 ・ 1 ・ 0
	12	大きな声で答えていたか	3 ・ 2 ・ 1 ・ 0
	13	「です」「ます」を付けて答えていたか	3 ・ 2 ・ 1 ・ 0
	14	すぐに課題に取り組んだか	3 ・ 2 ・ 1 ・ 0
	15	手を動かすスピードは早かったか	3 ・ 2 ・ 1 ・ 0
	16	問題終了後の机上は整理されていたか	3 ・ 2 ・ 1 ・ 0
	17	話をきちんと聞いていたか	3 ・ 2 ・ 1 ・ 0
試験後	18	終わりのあいさつはできたか	3 ・ 2 ・ 1 ・ 0
	19	椅子はきちんとしまったか	3 ・ 2 ・ 1 ・ 0
	20	出る時のあいさつはできたか	3 ・ 2 ・ 1 ・ 0

〈メモ〉

〈 準 備 〉 あらかじめ、問題10の絵を枠線に沿って切り分けてカードにしておく。

〈 問 題 〉 （切り分けたカードを渡す）
①カードを２つのグループに分けてください。終わったら、どんな分け方をしたのかを教えてください。
②さっきと違う分け方を考えてみてください。終わったら、どんな分け方をしたのかを教えてください。

〈 時 間 〉 各２分

〈 解 答 〉 ①「生きもの」と「乗りもの」　②「空を飛ぶもの」と「地上にいるもの」
※①と②は逆でも可。また、上記以外の解答でも理由をきちんと説明できていれば正解としてください。

 学習のポイント

このような、仲間分けの問題が口頭試問形式で出題される時、観点がペーパーとは異なることがあるということを理解しておいてください。ペーパーでは、何となく答えがわかるお子さまとしっかり理解しているお子さまとの間に、入試結果という意味において差はありません。答えという結果が同じであれば、理解度の違いを問われることはないのです。ある程度の知識を持っていれば、差が付きにくいのがペーパーテストということが言えます。それに対し口頭試問では、仲間分けをするだけでなく、なぜそう分けたのかという理由まで問われます。そこまで行くと、しっかりと理解していなければ解答することはできません。自分の考えを言葉にするということは、大人でも難しいことです。しかも、入学試験という場で、はじめて会う大人に説明するのですから、お子さまにとっては非常に難しいことを要求されているのです。
②では、先ほどとは違った視点で仲間分けすることが求められます。小学校受験年齢のお子さまは、１つの答えを見つけてしまうと、それ以外の答えが見えなくなってしまうことがあります。こうした、違った視点で物事を考える（見る）ことは、小学校受験において大きな力になっていきます。仲間分けの問題は、そうした力を付けるには最適な材料です。ペーパー学習の際にも、１つの答えを見つけた後、違った分け方はできないかと問いかけるようにしてみましょう。そうした小さな繰り返しが、お子さまの思考の幅を広げていくことにつながっていきます。

問題 10　採点表

点

		チェック項目	採点
試験前	1	返事はあったか	3・2・1・0
	2	入室時に落ち着いていたか	3・2・1・0
	3	あいさつはできたか	3・2・1・0
	4	指示があってから座ったか	3・2・1・0
試験中	5	①正しい知識を持っていたか	3・2・1・0
	6	①理由を説明できたか	3・2・1・0
	7	①「終わりました」の言葉が言えたか	3・2・1・0
	8	②問題の意図を理解していたか	3・2・1・0
	9	②正しい知識を持っていたか	3・2・1・0
	10	②理由を説明できたか	3・2・1・0
	11	②「終わりました」が言えたか	3・2・1・0
	12	すぐに課題に取り組んだか	3・2・1・0
	13	大きな声で答えていたか	3・2・1・0
	14	正しい姿勢で取り組んでいたか	3・2・1・0
	15	最後まで集中して取り組んでいたか	3・2・1・0
	16	カードの扱い方はていねいだったか	3・2・1・0
	17	終了後、カードを片付けたか	3・2・1・0
試験後	18	終わりのあいさつはできたか	3・2・1・0
	19	椅子はきちんとしまったか	3・2・1・0
	20	出る時のあいさつはできたか	3・2・1・0

〈メモ〉

〈準備〉 　おはじき（5個）

〈問題〉 　今から言うことに当てはまると思う絵を選んで、その絵の上におはじきを置いてください。
①卵から産まれる生きものはどれですか。
②卵から産まれない生きものはどれですか。
③手紙を送る時に、手紙を入れるものはどれですか。
④料理をする時に使う道具はどれですか。

〈時間〉 　①②各30秒　③④各15秒

〈解答〉 　①カエル、クモ、フラミンゴ　②クジラ、イルカ、コウモリ、ウサギ
③ポスト　④鍋

 学習のポイント

この問題を解いていていると、さまざまな疑問が浮かんでくると思います。「コウモリは鳥類では？　空を飛ぶし……」「鳥類は卵を産むはずなのに……」「そういえばコウモリの卵ってどんな形？」といったことです。コウモリは、ほ乳類で唯一飛ぶことができる生きものなのです。ですから、コウモリは卵ではなく、赤ちゃんを産みます。こうした疑問に思ったことについては興味がわきますよね。そうした時に関連したことを教えると、多くの知識を修得しやすくなります。こうした知識の身に付け方は、さまざまなことに応用できるので、覚えておくとよいでしょう。

この問題では、おはじきの操作のほか、それ以外に解答はないのか、最後まで確認していたかをチェックしましょう。この問題では正解の数がいくつあるのかはわかりません。おはじきは5個渡されています。正解は最大で4つなので、おはじきが1個余ります。余った時に、「これでいいや」と終わるのか、「ほかに正解はないか」と見直すのか、といった姿勢の違いも評価に含まれます。自信を持って答えた場合にはどうするのか思うかもしれませんが、そうしたお子さまは答える時に堂々としているので、違いはわかります。

こうした、関連付けや仲間を探す問題は、さまざまな問題に発展させることができます。例えば、棲んでいる場所、道具の用途など、いくらでも広げられます。ぜひ、いろいろな分類の方法を見つけてお子さまに出題してみてください。また、課題に取りかかるまでの時間もチェックしておきましょう。言われたことをすぐに行動に移せるのか、そうでないのかは重要な評価ポイントです。

問題 11　採点表

点

		チェック項目	採点
試験前	1	返事はあったか	3・2・1・0
	2	入室時に落ち着いていたか	3・2・1・0
	3	あいさつはできたか	3・2・1・0
	4	指示があってから座ったか	3・2・1・0
試験中	5	①②正しい知識を持っていたか	3・2・1・0
	6	③④正しい知識を持っていたか	3・2・1・0
	7	話を正しく理解し、対応していたか	3・2・1・0
	8	解答の正誤	3・2・1・0
	9	おはじきを置く時に言葉はあったか	3・2・1・0
	10	正しい姿勢で取り組んでいたか	3・2・1・0
	11	脚をブラブラさせていなかったか	3・2・1・0
	12	見直しをしていたか	3・2・1・0
	13	最後まで集中して取り組んでいたか	3・2・1・0
	14	すぐに課題に取り組んだか	3・2・1・0
	15	それぞれの名前が言えたか	3・2・1・0
	16	終了後、おはじきを片付けたか	3・2・1・0
	17	おはじきの扱い方はていねいだったか	3・2・1・0
試験後	18	終わりのあいさつはできたか	3・2・1・0
	19	椅子はきちんとしまったか	3・2・1・0
	20	出る時のあいさつはできたか	3・2・1・0

〈メモ〉

〈準備〉 なし

〈問題〉 ▐この問題の絵はありません。▐
① 「帽子を」→「かぶる」というように、私（出題者）の言葉の後に言葉を続けてください。
（1）ピアノを→
（2）うちわで→
（3）絵を→
（4）雑巾を→
（5）電車に→
② しりとりをしましょう。私（出題者）から始めるので、後に続けてください（5回程度続ける）。

〈時間〉 ①②各30秒

〈解答〉 ①（1）「弾く」「鳴らす」など （2）「あおぐ」など
（3）「描く」「見る」など （4）「しぼる」「かける」など
（5）「乗る」など
②省略

 ## 学習のポイント

この問題には、こう答えなければいけないという「正解」はありません。ただ、常識の範囲で解答することは求められます。例えば、「ピアノを」と問われた時、「買う」「あげる」「壊す」などでも間違いではありませんが、子どもらしい答えとは言えません。あくまでも、子どもにとって自然な言葉のつながりで解答するようにしましょう。

口頭試問のテストで、正解・不正解は伝えられません。解答した後は、そのまま試験を続けていきます。解答した後に、正解なのか間違っているのかを気にしていると、その様子も観察されます。

また、出題者の言葉をしっかりと聞き取れているでしょうか。問題では、「電車に」と質問されています。「に」と言われているので、「降りる」はつながりません。「降りる」の場合は、「電車から（を）」という言葉になります。ですからこの問題で「降りる」という言葉をつなげるのはよくありません。こうしたことは日常生活での言葉遣いが影響してきます。助詞によってつながる言葉も変わるので、ふだんの会話にも注意しましょう。

最後まで話を聞いていないと、聞かれていることと違うことを答えてしまうことになります。話を最後までしっかりと聞くことは重要な観点の1つでもあります。こうした点でのマイナスは、大きな差にもなりかねません。

ものの名称もしっかりと覚えておきましょう。この中で「うちわ」について名前と形が一致したでしょうか。この問題には絵がありません。こうした絵のない問題はよく見られる出題方法です。名前と形をきちんと結びつけられるようにしておきましょう。

問題12　採点表

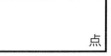

点

		チェック項目	採点
試験前	1	返事はあったか	3・2・1・0
	2	入室時に落ち着いていたか	3・2・1・0
	3	あいさつはできたか	3・2・1・0
	4	指示があってから座ったか	3・2・1・0
	5	座り方・姿勢は正しかったか	3・2・1・0
	6	キョロキョロしなかったか	3・2・1・0
試験中	7	①解答の正誤	3・2・1・0
	8	②最後まで続けることができたか	3・2・1・0
	9	すぐに課題に取り組んだか	3・2・1・0
	10	問題をしっかり聞いていたか	3・2・1・0
	11	目を見て答えていたか	3・2・1・0
	12	解答に生活体験が表れていたか	3・2・1・0
	13	最後まで集中して取り組んでいたか	3・2・1・0
	14	意欲的に取り組んでいたか	3・2・1・0
	15	正しい姿勢で取り組んでいたか	3・2・1・0
	16	大きな声で答えていたか	3・2・1・0
	17	ルールを守っていたか	3・2・1・0
試験後	18	終わりのあいさつはできたか	3・2・1・0
	19	椅子はきちんとしまったか	3・2・1・0
	20	出る時のあいさつはできたか	3・2・1・0

〈メモ〉

問題13 分野：数量（一対多の対応）

〈準　備〉 おはじき（白10個、黒10個）、おはじきを置く四角い枠

〈問　題〉 **この問題の絵は縦に使用してください。**
上の段を見てください。黒いロボットは、絵にある数の箱をもらうと運びます。白いロボットも、絵にある数の箱をもらうと運びます。

①真ん中の段を見てください。このロボットたちは、箱を何個運ぶことができるでしょうか。その数だけ四角の中に白いおはじきを置いてください。
②下の段を見てください。できるだけ少ない数のロボットで、箱を運びたいと思います。今、ロボットが1台あります。あと何台あればすべての箱を運ぶことができるでしょうか。増やすロボットの分だけ四角の中におはじきを置いてください。黒いロボットは黒いおはじきを、白いロボットは白いおはじきを置きましょう。

〈時　間〉 ①20秒　②30秒

〈解　答〉 ①7個　②黒：1個、白：2個

 学習のポイント

まずは、条件をしっかり把握するところから始めましょう。黒いロボットは箱2つ、白いロボットは箱3つの時にしか運びません。それ以上でもそれ以下でも運ばないということです。考え方としては、数量分野の「一対多の対応」と呼ばれるもので、かけ算の基礎となる学習です。①では、黒・黒・白なので、2個・2個・3個とおはじきを置いていけばよいのです。②では、箱が10個ありますが、「増やすロボットの数」を求めるので、今いる黒いロボットの分を取ってしまいます。そうすると箱は8個になり、「できるだけ少ない数のロボットで」という条件もあるので、白いロボットを先に使い、8個から3個、3個取ると残りは2個になるので、黒いロボットを使って運ぶことができます。
ここまでが問題の考え方です。口頭試問ということは、こうした発想ができているかどうかも観られています。もちろん、おはじきを使わずに頭の中で考えても問題ありません。ただし、その場合は、見た瞬間に答えを出すくらいのスピードで、しかも、確実に正解しなくてはいけません。もし間違ってしまうと評価するポイントがないので、おはじきを使って、思考の過程を見せながら正解を求める方がよいでしょう。中途半端に頭の中で考えて、答えを間違ってしまうと、解答でも、思考の過程でも悪い評価になってしまいます。
口頭試問形式で行われる意味を考えて、問題に取り組むようにしましょう。

問題13　採点表

点

		チェック項目	採点
試験前	1	返事はあったか	3・2・1・0
	2	入室時に落ち着いていたか	3・2・1・0
	3	あいさつはできたか	3・2・1・0
	4	指示があってから座ったか	3・2・1・0
試験中	5	出題の意図を理解していたか	3・2・1・0
	6	①解答の正誤	3・2・1・0
	7	②解答の正誤	3・2・1・0
	8	おはじきの扱い方はていねいだったか	3・2・1・0
	9	集中して取り組んでいたか	3・2・1・0
	10	数に対する理解が見えたか	3・2・1・0
	11	意欲的に取り組んでいたか	3・2・1・0
	12	おはじきを使わずに問題を解いた	3・2・1・0
	13	おはじきを使って問題を解いた	3・2・1・0
	14	すぐに課題に取り組んだか	3・2・1・0
	15	最後まであきらめずに取り組んでいたか	3・2・1・0
	16	問題終了後の机上は整理されていたか	3・2・1・0
	17	「終わりました」が言えたか	3・2・1・0
試験後	18	終わりのあいさつはできたか	3・2・1・0
	19	椅子はきちんとしまったか	3・2・1・0
	20	出る時のあいさつはできたか	3・2・1・0

〈メモ〉

〈準　備〉　①問題14-①のイラストを参考にして、箱、ひも（4本、そのうち2本は同じ長
　　　　　　　さのもの）を用意する。同じ長さの2本のひものうち1本を箱に結んでおく。
　　　　　　②問題14-②のイラストを参考にして5種類の積み木を用意する。

〈問　題〉　<mark>この問題の絵は縦に使用し、参考として使用してください。</mark>
　　　　　　①（ひもで結んだ箱とひも3本を見せる）
　　　　　　　箱に結んであるひもと同じ長さのひもを選んでください。
　　　　　　②（積み木を5つ渡す）
　　　　　　　積み木をすべて使って、できるだけ高く積み上げてください。積み終わった
　　　　　　　ら、次は積み木をすべて使って、さっきよりも低く積み上げてください。

〈時　間〉　各1分

〈解　答〉　省略

 学習のポイント

まずこの問題に取り組む時、ある程度の予想をつけることはできたでしょうか。①のひも
の問題にしてもある程度の長さは予想がつくはずです。少なくとも一番短いひもでは箱が
結べないことはわかります。ですから、比較するにしても短すぎて結べないものまで比較
していては推測ができないと言っているのと同じことです。
同じように、積み木の積み方にしても同じです。できるだけ高く積むと指示されているの
で、三角形の積み木が一番上になることが予想できます。そこで、三角形の積み木が一番
上に置かれていなければ、深く考えていないと判断されてしまいます。
試行錯誤することはよいというイメージがあるのかもしれませんが、何でも試してみれば
よいというものではありません。口頭試問の場合、目の前にものが置かれている場合もあ
りますが、だからと言って、必ず使わなければいけないということはありません。
求められている学習レベルは、ペーパーと同じであることを理解してください。口頭試問
はペーパーと同等の学習レベルにプラスして、解答している状況、解答までの思考過程も
観察対象に含まれているということなのです。

問題 14　採点表

点

		チェック項目	採点
試験前	1	返事はあったか	3・2・1・0
	2	入室時に落ち着いていたか	3・2・1・0
	3	あいさつはできたか	3・2・1・0
	4	指示があってから座ったか	3・2・1・0
試験中	5	①解答の正誤	3・2・1・0
	6	①ひもを使わずに解答した	3・2・1・0
	7	②出題の意図を理解していたか	3・2・1・0
	8	②解答の正誤	3・2・1・0
	9	②積み木の扱い方はていねいだったか	3・2・1・0
	10	②試行錯誤はあったか	3・2・1・0
	11	②指示を守っていたか	3・2・1・0
	12	すぐに課題に取り組んだか	3・2・1・0
	13	「終わりました」が言えたか	3・2・1・0
	14	正しい姿勢で取り組んでいたか	3・2・1・0
	15	集中して取り組んでいたか	3・2・1・0
	16	意欲的に取り組んでいたか	3・2・1・0
	17	使ったものを片付けたか	3・2・1・0
試験後	18	終わりのあいさつはできたか	3・2・1・0
	19	椅子はきちんとしまったか	3・2・1・0
	20	出る時のあいさつはできたか	3・2・1・0

〈メモ〉

〈 準 備 〉　あらかじめ、問題15-①、15-②、15-③の絵を枠線に沿って切り分けてカードにしておく。
②箱（適宜）

〈 問 題 〉　**この問題の絵は縦に使用してください。**
① （問題15-①の絵を切り分けたものを渡す）
カードを6枚選んでしりとりをしてください。
② （問題15-②の絵を切り分けたものを渡す）
この箱の中に絵を入れると音が出ます。例えば、「バラ」のカードを箱に入れると「バラバラ」という音が出ます（実際に「バラ」のカードを箱に入れた後、「バラバラ」と声を出す）。好きなカードを選び、箱にそのカードを入れてどんな音がするかを言ってください。
③ （問題15-③の絵を切り分けたものを渡す）
（「☆」のついたカードを志願者の前に置く）このカードは、「雨の日もあれば」というカードです。このカードの続きは、（「★」のついたカードをその横に置く）「晴れの日もある」というこのカードになります。同じようにカードを1枚選んだ後、その続きのカードを選んで、その2枚のカードがどのような意味なのかを説明してください。

〈 時 間 〉　各3分程度

〈 解 答 〉　①イカ→カサ→サイコロ→ロボット→トラ→ライオン　②③省略

 学習のポイント

①のしりとりの問題では、「最初からきちんとつなげていくやり方」「つなげやすいところからつなげていくやり方」など、さまざまな解き方ができます。ただ、解答のスピード、頭の切り替えなどを考えると、後者のやり方を選択した方がよいでしょう。
②は擬音語・擬態語の問題ですが、こうした問題をする時、保護者の方は解答に意識がいってしまいます。しかし、実際の試験では、正解かどうかだけでなく、発表時の態度もかなり重要です。姿勢がクネクネしたり、声が小さかったり、目を見て話をしなかったりするのはよくありません。保護者の方は解答だけでなく、それ以外のことも意識して観察するようにしてください。自分を表すことが苦手なお子さまもいます。そうしたお子さまに、「こうするといい」とやり方を教えても、自分に自信が持てなければ、なかなかできるようになりません。学習以外の日常生活において自信をつけられるようにしてあげてください。
③の問題は、自分でカードを選び、解答を考えなければならないので、前もって考えておく余裕はありません。そうした心の準備はできていたでしょうか。口頭試問で対応しなければならないことの中に、焦りや緊張との向き合い方があります。焦ってしまっては実力の半分も出せません。そうならないためにも自分に自信を持つことが大切です。
そうした対策という意味でも、日常生活において、自分の意見を言うこと、自信を持つことを意識するようにしてください。また、「これがダメなら次はこれ」という意識の切り替えや視点を変えることも大切です。

問題15　採点表

点

		チェック項目	採点
試験前	1	返事はあったか	3・2・1・0
	2	入室時に落ち着いていたか	3・2・1・0
	3	あいさつはできたか	3・2・1・0
	4	指示があってから座ったか	3・2・1・0
試験中	5	出題の意図を理解していたか	3・2・1・0
	6	①解答の正誤	3・2・1・0
	7	②解答の正誤	3・2・1・0
	8	②大きな声で答えていたか	3・2・1・0
	9	③解答の正誤	3・2・1・0
	10	③言葉のつながりを説明できていたか	3・2・1・0
	11	正しい姿勢で取り組んでいたか	3・2・1・0
	12	手を動かすスピードは早かったか	3・2・1・0
	13	工夫は見られたか	3・2・1・0
	14	意欲的に取り組んでいたか	3・2・1・0
	15	最後まであきらめずに取り組んでいたか	3・2・1・0
	16	問題終了後の机上は整理されていたか	3・2・1・0
	17	問題をきちんと聞いていたか	3・2・1・0
試験後	18	終わりのあいさつはできたか	3・2・1・0
	19	椅子はきちんとしまったか	3・2・1・0
	20	出る時のあいさつはできたか	3・2・1・0

〈メモ〉

〈 準 備 〉　なし

〈 問 題 〉　私がこれから言う言葉に合う絵を1つ選んで、指さしてください。それがどうい
　　　　　　う場面なのか、教えてください。
　　　　　　「トントン」
　　　　　　「ガーガー」
　　　　　　「ドキドキ」

〈 時 間 〉　適宜

〈 解 答 〉　省略

 学習のポイント

こうした、「トントン」や「ドキドキ」などの言葉は、擬音語・擬態語と呼ばれています
います。絵本などでよく見られる表現ではありますが、日常生活ではそれほど多く使われ
るものではないかもしれません。小学校受験では、言語の問題として割と多く出題されて
いるので、保護者の方は、生活の中で意識して使っていくようにするとよいでしょう。
ペーパー学習として、言葉と絵をセットにて暗記する方法もありますが、実際にどんな場
面で使われるのかを体験しながら覚えていく方が、記憶を定着させる意味でも、理解の幅
を広げる意味でも有効な方法と言えます。できる限り生活に密着した形で学習を進めてい
くようにしましょう。
また、絵本などの読み聞かせの中で学習していくのも1つの方法です。生活の中で学習す
るにしても、絵本で学習するにしても、大切なのは、単に言葉を覚えるのではなく、その
言葉がどういう時に（場面で）使われるものなのかを理解していることです。絵を見てそ
れに合った言葉を言えるだけでは、受験のための学習になってしまいます。そうではな
く、生活の中で実際に使える言葉として身に付けることが本当の学習と言えるのではない
でしょうか。言葉はすべての学習の土台となるものです。小学校入学後も見据えてしっか
りと学んでいくようにしましょう。

問題 16　採点表

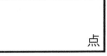

点

		チェック項目	採点
試験前	1	返事はあったか	3・2・1・0
	2	入室時に落ち着いていたか	3・2・1・0
	3	あいさつはできたか	3・2・1・0
	4	指示があってから座ったか	3・2・1・0
試験中	5	解答の正誤	3・2・1・0
	6	すぐに課題に取り組んだか	3・2・1・0
	7	解答を指さす時に言葉があったか	3・2・1・0
	8	しっかりと説明できていたか	3・2・1・0
	9	説明に生活体験が表れていたか	3・2・1・0
	10	問題をきちんと聞いていたか	3・2・1・0
	11	目を見て答えていたか	3・2・1・0
	12	最後まであきらめずに取り組んでいたか	3・2・1・0
	13	笑顔で取り組んでいたか	3・2・1・0
	14	意欲的に取り組んでいたか	3・2・1・0
	15	正しい姿勢で取り組んでいたか	3・2・1・0
	16	大きな声で答えていたか	3・2・1・0
	17	最後まで集中して取り組んでいたか	3・2・1・0
試験後	18	終わりのあいさつはできたか	3・2・1・0
	19	椅子はきちんとしまったか	3・2・1・0
	20	出る時のあいさつはできたか	3・2・1・0

〈メモ〉

問題17 分野：推理（比較）

〈準備〉 ①三角定規２種類（大きさの関係が問題17-①の絵のようなもの）
②皿２枚、直径４～５cmのリング５個、直径２～３cmのリング７個
　※絵を参考に、皿にリングを載せておく。
③積み木（三角柱、円柱、立方体、直方体など）、高さの違う箱２個
　※絵を参考に、積み木を積んでおく（低い箱の上に載せる積み木を高くする）。

〈問題〉 この問題は絵を参考にしてください。
①（２枚の三角定規を見せる）
２つの三角形のうち、大きいのはどちらだと思いますか。
どうしてそう思いましたか。
②（２つの紙皿を見せる）
２つのお皿のうち、リングが多く載っているのはどちらだと思いますか。
どうしてそう思いましたか。
③（２つの積み木を見せる）
２つの積み木のうち、高いのはどちらだと思いますか。
どうしてそう思いましたか。

〈時間〉 各１分

〈解答〉 ①右 ②下 ③右

学習のポイント

この問題のポイントは着眼点をどこに置くかです。その上で比較をしていきますが、大きさ、数、高さと比較する内容は違います。こうした問題の場合、解答の正誤もさることながら、その後の質問にしっかりと答えられることが重要になります。たとえ正解だったとしても、その根拠が言えなければ理解しているとは判断されません。

先の問題で自分の意見を述べることの大切さをお伝えしましたが、ここでも同じです。出題する側から観ると、解答に対して、どうしてそれを選択したのかという質問は、理解しているかどうかを判断する材料になります。根拠があるのとないのとでは、同じ解答でも意味や評価は大きく異なります。つまり、質問を重ねてくる形式の出題は、後にされる質問ほど重要度が高いというわけです。これは、面接でも同じなので、保護者の方はしっかりと理解しておいてください。この問題でも、最初の解答に対して、「どうして」と３問ともたずねています。口頭試問では、態度、姿勢、声の大きさなど、答えだけでなく、解答している時の雰囲気や姿勢も大切になります。「目は口ほどにものを言う」ということわざがあるように、お子さまの態度や取り組む姿勢はとても重要になります。

問題 17　採点表

点

		チェック項目	採点
試験前	1	返事はあったか	3 ・ 2 ・ 1 ・ 0
	2	入室時に落ち着いていたか	3 ・ 2 ・ 1 ・ 0
	3	あいさつはできたか	3 ・ 2 ・ 1 ・ 0
	4	指示があってから座ったか	3 ・ 2 ・ 1 ・ 0
	5	座り方・姿勢は正しかったか	3 ・ 2 ・ 1 ・ 0
	6	キョロキョロしなかったか	3 ・ 2 ・ 1 ・ 0
試験中	7	①出題の意図を理解できていたか	3 ・ 2 ・ 1 ・ 0
	8	①理由をしっかり説明できていたか	3 ・ 2 ・ 1 ・ 0
	9	②一見で判断できていたか	3 ・ 2 ・ 1 ・ 0
	10	②理由をしっかり説明できていたか	3 ・ 2 ・ 1 ・ 0
	11	③解答の正誤	3 ・ 2 ・ 1 ・ 0
	12	③理由をしっかり説明できていたか	3 ・ 2 ・ 1 ・ 0
	13	大きな声で答えていたか	3 ・ 2 ・ 1 ・ 0
	14	言葉遣いは正しかったか	3 ・ 2 ・ 1 ・ 0
	15	意欲的に取り組んでいたか	3 ・ 2 ・ 1 ・ 0
	16	集中して取り組んでいたか	3 ・ 2 ・ 1 ・ 0
	17	正しい姿勢で取り組んでいたか	3 ・ 2 ・ 1 ・ 0
試験後	18	終わりのあいさつはできたか	3 ・ 2 ・ 1 ・ 0
	19	椅子はきちんとしまったか	3 ・ 2 ・ 1 ・ 0
	20	出る時のあいさつはできたか	3 ・ 2 ・ 1 ・ 0

〈メモ〉

〈準 備〉　①あらかじめ、問題18-①の右側の絵を点線に沿って切り分けておく。
　　　　　②あらかじめ、問題18-②の右側の絵を点線に沿って切り分けておく。

〈問 題〉　**この問題の絵は縦に使用し、参考として使用してください。**
　　　　　①（問題18-①の絵を切り分けたものを渡す）
　　　　　　◆マークがついている紙がお手本です。お手本通りに、パズルを完成させま
　　　　　しょう。
　　　　　②（問題18-②の絵を切り分けたものを渡す）
　　　　　　★マークがついている紙の中の枠に合うように、パーツを選んでパズルを完
　　　　　成させましょう。

〈時 間〉　各1分

〈解 答〉　省略

 学習のポイント

口頭試問は、論理的思考力を観るのに最適な出題形式と言えるでしょう。なぜなら、解答
を導き出すまでの試行錯誤をすべて観察することができるからです。図形問題では、空間
認識力が高いお子さまは、ぱっと見ただけで感覚的に解答することができます。しかし、
苦手なお子さまは、試行錯誤を繰り返して解答にたどり着きます。
もちろん、その時点において学力が高いのは前者ですが、後者が悪いというわけではあり
ません。試行錯誤をしている様子を観察していると「おもしろい考え方をしている」「こ
ういうアプローチをしていくのか」とお子さまの秘めた力を見つけ出すことができます。
結果を採点対象とするペーパーテストでは測ることができない力を見つけられるのも口頭
試問の特徴の1つです。ですから、できないことを否定するのではなく、「どうしてそう
なるのか」「どう考えたのか」などの思考過程をしっかりと把握し、伸ばしてあげなけれ
ばなりません。
図形問題があまり得意でないお子さまでも、着眼点、観察力、興味関心などの力が備わっ
ていれば、入学後に頭角を現してきます。今だけを見て判断するのではなく、将来を考慮
した力を観ることができることも、口頭試問の特徴であることを理解しておいてくださ
い。そう考えると、この問題の復習をどうすればよいのかがわかると思います。保護者の
方は、お子さまが問題に取り組んでいる様子をよく見て、我が子の素晴らしいところを見
つけることに力を注ぐようにしてください。

問題 18　採点表

点

		チェック項目	採点
試験前	1	返事はあったか	3・2・1・0
	2	入室時に落ち着いていたか	3・2・1・0
	3	あいさつはできたか	3・2・1・0
	4	指示があってから座ったか	3・2・1・0
	5	座り方・姿勢は正しかったか	3・2・1・0
	6	キョロキョロしなかったか	3・2・1・0
試験中	7	①すぐに課題に取り組んだか	3・2・1・0
	8	①工夫は見られたか	3・2・1・0
	9	①スムーズに解答できたか	3・2・1・0
	10	①解答の正誤	3・2・1・0
	11	②すぐに課題に取り組んだか	3・2・1・0
	12	②工夫は見られたか	3・2・1・0
	13	②スムーズに解答できたか	3・2・1・0
	14	②解答の正誤	3・2・1・0
	15	使ったものを片付けたか	3・2・1・0
	16	最後まで集中して取り組んでいたか	3・2・1・0
	17	意欲的に取り組んでいたか	3・2・1・0
試験後	18	終わりのあいさつはできたか	3・2・1・0
	19	椅子はきちんとしまったか	3・2・1・0
	20	出る時のあいさつはできたか	3・2・1・0

〈メモ〉

〈 準 備 〉 あらかじめ、問題19-1の絵を切り分けておく。

〈 問 題 〉 （切り分けたパーツを渡す）
①問題19-2の左の形にぴったり入るようにパーツを並べてください。
②同じパーツで問題19-2の右の形にぴったり入るように並べてください。

〈 時 間 〉 各1分

〈 解 答 〉 下図参照

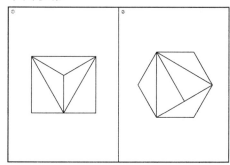

 学習のポイント

本問は、違った視点で考えるというところがポイントになります。問題10でも触れたように、小学校受験年齢のお子さまは、自由な発想を持っている一方で、1つの考え方に固執してしまうという側面も持っています。同じパーツを使って2つの形を作るという問題を通して、お子さまが見方を変えることができるかどうかを観ているのです。

見方を変えるのではなく、一度考えをゼロにして、新しい問題と考えて取り組むという方法もあります。わかりやすく言うと、①をやり終えた後、①のことを全く忘れて、新しい問題として②に取り組むという方法です。こうした作業は、切り替えと呼ぶこともできます。ちょっとした意識の違いでしかないかもしれませんが、1つの考え方にとらわれてしまって、見方が変えられないようでしたら、この方法も試してみてください。

切り替える意識は、小学校受験では大切なポイントです。「問題が解けなかった」「時間が足りなかった」「考え方の違う問題が連続して出た」など、気持ちや頭の切り替えができないと、前の問題を引きずったまま次の問題に取り組むことになってしまうので、混乱の原因にもなります。

実際にパズルを動かすことができる問題で、何をしてよいのかわからなくなってしまった場合、頭で考えても答えは出てきません。まずは手を動かすことで、ひらめきのきっかけを見つけるようにしましょう。

問題 19　採点表

点

		チェック項目	採点
試験前	1	返事はあったか	3・2・1・0
	2	入室時に落ち着いていたか	3・2・1・0
	3	あいさつはできたか	3・2・1・0
	4	指示があってから座ったか	3・2・1・0
試験中	5	座り方・姿勢は正しかったか	3・2・1・0
	6	キョロキョロしなかったか	3・2・1・0
	7	①すぐに課題に取り組んだか	3・2・1・0
	8	①工夫は見られたか	3・2・1・0
	9	①スムーズに解答できたか	3・2・1・0
	10	①解答の正誤	3・2・1・0
	11	②すぐに課題に取り組んだか	3・2・1・0
	12	②工夫は見られたか	3・2・1・0
	13	②スムーズに解答できたか	3・2・1・0
	14	②解答の正誤	3・2・1・0
	15	使ったものを片付けたか	3・2・1・0
	16	最後まで集中して取り組んでいたか	3・2・1・0
	17	意欲的に取り組んでいたか	3・2・1・0
試験後	18	終わりのあいさつはできたか	3・2・1・0
	19	椅子はきちんとしまったか	3・2・1・0
	20	出る時のあいさつはできたか	3・2・1・0

〈メモ〉

問題20 分野：複合（常識、言語、数量、図形）

〈準　備〉 ①②④なし
③問題20-③のイラストを参考にして、折り紙を2種類の形で重ねる。

〈問　題〉 **この問題の絵は縦に使用し、③は参考として使用してください。**
①1番上の段の絵を仲間分けしてください。どのように分けたか、お話してください。
②上から2番目の段を見てください。この絵でしりとりをすると、空いている四角には何が入りますか。
③（問題20-③のように2種類の重ねた折り紙を見せる）
どちらの方が多く折り紙を重ねてあるでしょうか。
④1番下の段の絵を見てください。左側の絵を作るには、右側のどの形を使いますか。指でさして答えてください。

〈時　間〉 ①②③30秒　④1分

〈解　答〉 ①省略　②（例）クジラ　③右　④省略

 学習のポイント

口頭試問の出題に決まった方法はありません。この問題のように、1つの問題の中にさまざまな課題が盛り込まれていることもあるので、こうした出題にも慣れておくことも必要になります。総復習として取り組んでみてください。

この問題をする前に、今までのチェックシートを確認し、お子さまの今までの状況を把握してから取り組むことをおすすめします。その上で、できていなかった問題ができていたかを確認してください。今後の学習を行うにあたり、この問題の結果を参考にするとよいでしょう。

③の問題は、数の多少を解答するものですが、ペーパーテストの問題でも重なりの順番を問う問題があるように、見たままの状態で比較検討できるようにしたいものです。ここで、1枚1枚数えて比較しているようでは、求められているレベルに達していないと観られる可能性があります。見えている部分を把握し、そのままの状態で数えられるようにしたいものです。

④の問題は、実際に動かすのではなく、頭の中で考えなければなりません。特に屋根に当たる三角形を間違えずに選べたでしょうか。この点をしっかりと考えられたかがポイントになります。これらを踏まえて、スピードや意欲、正確性などがあるとよいでしょう。

点

問題 20　採点表

		チェック項目	採点
試験前	1	返事はあったか	3 ・ 2 ・ 1 ・ 0
	2	入室時に落ち着いていたか	3 ・ 2 ・ 1 ・ 0
	3	あいさつはできたか	3 ・ 2 ・ 1 ・ 0
	4	指示があってから座ったか	3 ・ 2 ・ 1 ・ 0
試験中	5	①解答の正誤	3 ・ 2 ・ 1 ・ 0
	6	①理由をきちんと説明できたか	3 ・ 2 ・ 1 ・ 0
	7	①言葉遣いはきちんとしていたか	3 ・ 2 ・ 1 ・ 0
	8	②解答の正誤	3 ・ 2 ・ 1 ・ 0
	9	②「です」「ます」を付けて答えていたか	3 ・ 2 ・ 1 ・ 0
	10	③解答の正誤	3 ・ 2 ・ 1 ・ 0
	11	③すぐに課題に取り組んだか	3 ・ 2 ・ 1 ・ 0
	12	③数え方の工夫をしていたか	3 ・ 2 ・ 1 ・ 0
	13	④解答の正誤	3 ・ 2 ・ 1 ・ 0
	14	④解答を指さす時に言葉はあったか	3 ・ 2 ・ 1 ・ 0
	15	正しい姿勢で取り組んでいたか	3 ・ 2 ・ 1 ・ 0
	16	意欲的に取り組んでいたか	3 ・ 2 ・ 1 ・ 0
	17	最後まで集中して取り組んでいたか	3 ・ 2 ・ 1 ・ 0
試験後	18	終わりのあいさつはできたか	3 ・ 2 ・ 1 ・ 0
	19	椅子はきちんとしまえたか	3 ・ 2 ・ 1 ・ 0
	20	出る時のあいさつはできたか	3 ・ 2 ・ 1 ・ 0

〈メモ〉

日本学習図書株式会社

①

②

③

日本学習図書株式会社

①

②

日本学習図書株式会社

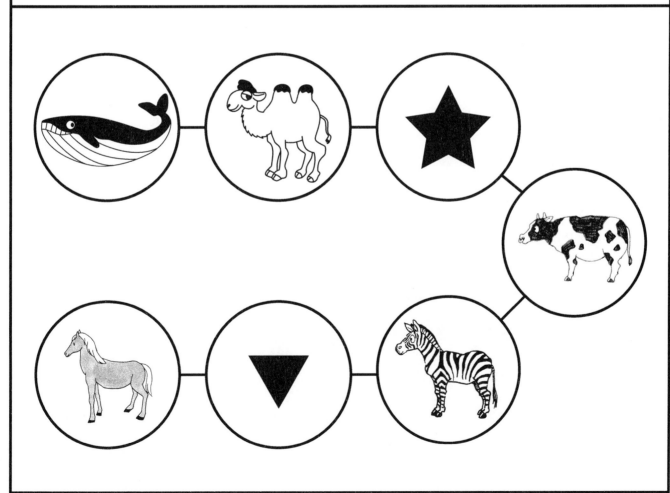

①②

③④

日本学習図書株式会社

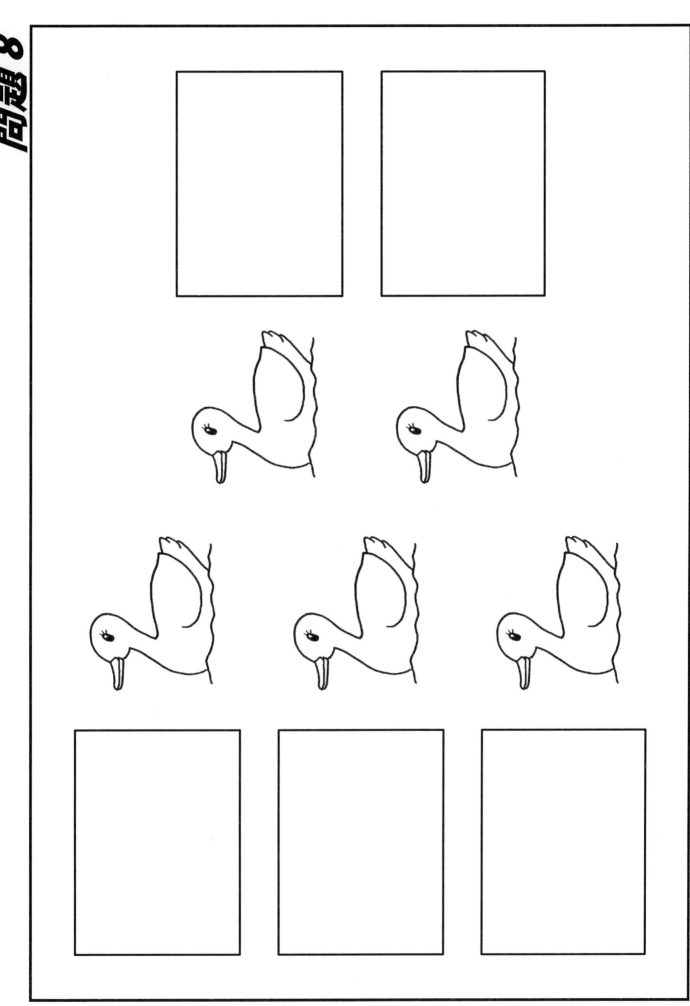

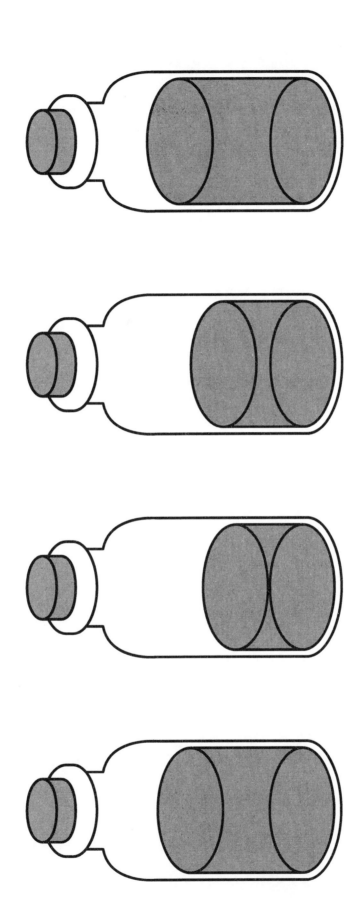

日本学習図書株式会社

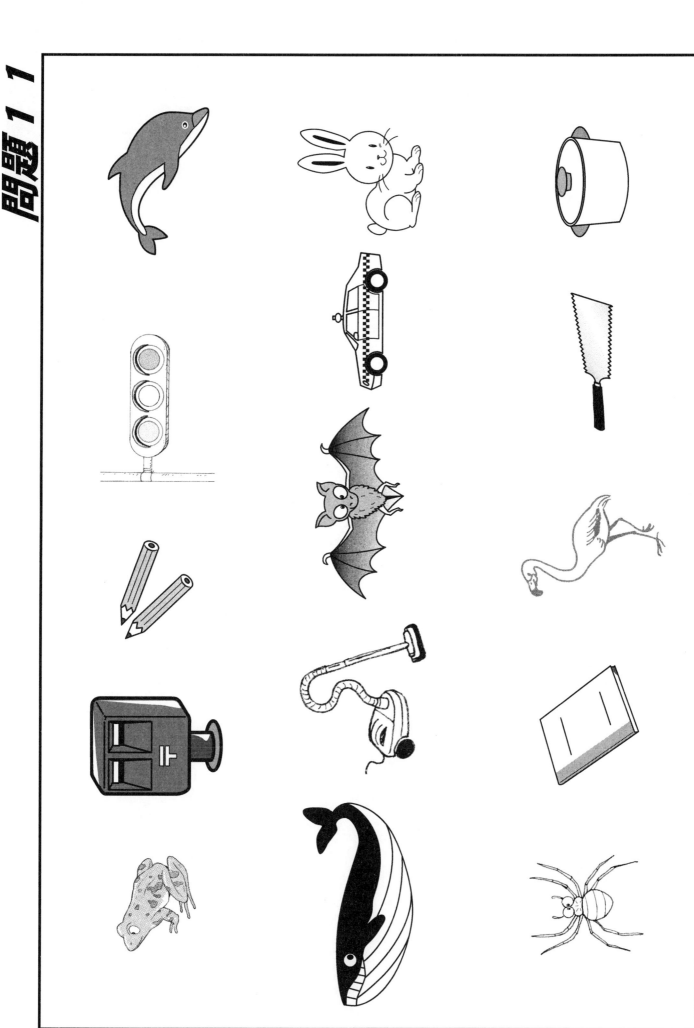

日本学習図書株式会社

日本学習図書株式会社

〈おやくそく〉

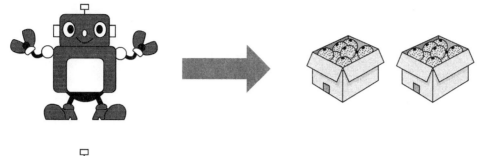

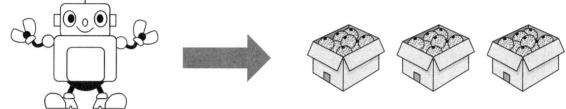

①

②

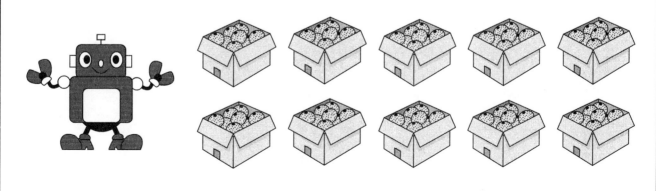

①

②

日本学習図書株式会社

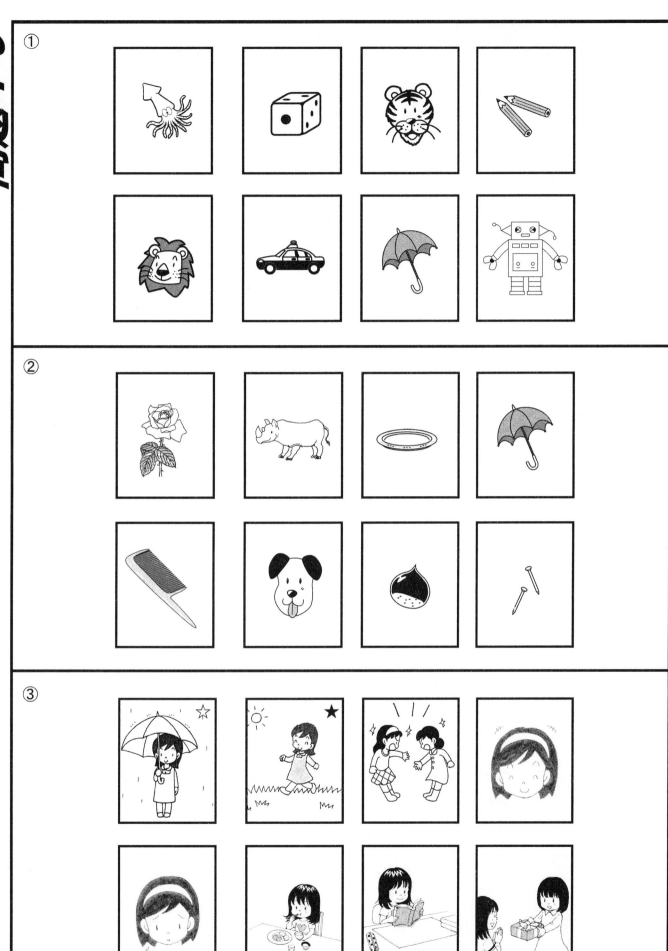

日本学習図書株式会社

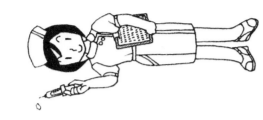
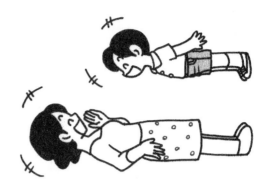

日本学習図書株式会社

③

②

①

日本学習図書株式会社

① ◆

（おてほん）

② ★

日本学習図書株式会社

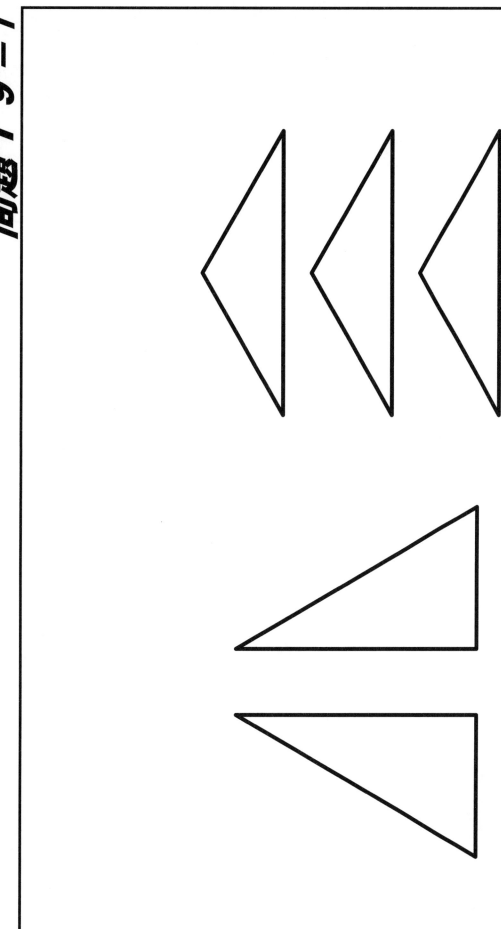

②

①

日本学習図書株式会社

日本学習図書株式会社

分野別 小学入試練習帳 ジュニアウォッチャー

1.	点・線図形	小学校入試で出題頻度の高い「点・線図形」の模写を、難易度の低いものから段階別に、幅広く練習することができるように構成。
2.	座標	図形の位置問題という作業を、難易度の低いものから段階別に練習できるように構成。
3.	パズル	様々なパズルの問題を難易度の低いものから段階別に練習できるように構成。
4.	同図形探し	小学校入試で出題頻度の高い、同図形選びの問題を繰り返し練習できるように構成。
5.	回転・展開	図形などを回転、または展開したとき、形がどのように変化するかを学習し、理解を深められるように構成。
6.	系列	数、図形などの様々な系列問題を、難易度の低いものから段階的に学習できるように構成。
7.	迷路	迷路の問題を繰り返し練習できるように構成。
8.	対称	対称に関する問題を4つのテーマに分類し、各テーマごとに段階別に練習できるよう構成。
9.	合成	図形の合成に関する問題を、難易度の低いものから段階別に練習できるように構成。
10.	四方からの観察	もの（立体）を様々な角度から見て、どのように見えるかを推理する問題を段階別に整理し、1つの形式で複数の問題を網羅していく構成。
11.	いろいろな仲間	ものや動物、植物の共通点を見つけ、分類していく問題を中心に構成。
12.	日常生活	日常生活における様々な問題を6つのテーマに分類し、各テーマごとに一つの問題形式で複数の問題を練習できるように構成。
13.	時間の流れ	「時間」に着目し、様々なものごとが、時間が経過するとどのように変化するのかという「時間の流れ」を理解するための問題集です。
14.	数える	様々なものを『数える』ことから、数の多少の判定やかけ算、わり算の基礎までを練習できるように構成。
15.	比較	比較に関する問題を5つのテーマ（数、高さ、量、長さ、重さ）に分類し、各テーマごとに問題を段階別に練習できるように構成。
16.	積み木	数える対象を積み木に限定した問題集。
17.	言葉の音遊び	言葉の音に関する問題を5つのテーマに分類し、各テーマごとに段階別に練習できるように構成。
18.	いろいろな言葉	表現力をより豊かにするいろいろな言葉として、擬態語や擬声語、同音異義語、反意語、数詞を取り上げた問題集。
19.	お話の記憶	お話を聴いてその内容を記憶、理解し、設問に答える形式の問題集。
20.	見る記憶・聴く記憶	「見て憶える」「聴いて憶える」という『記憶』分野に特化した問題集。
21.	お話作り	いくつかの絵を元にしてお話を作る練習をして、想像力を養うことができるように構成。
22.	想像画	描かれてある形や色を見て、想像し、絵を描くことにより、想像力を養うことができるように構成。
23.	切る・貼る・塗る	小学校入試で出題頻度の高い、はさみやのりなどを用いた巧緻性の問題を繰り返し練習できるように構成。
24.	絵画	小学校入試で出題頻度の高い、お絵かきやぬり絵などクレヨンやクーピーペンを用いた巧緻性の問題を繰り返し練習できるように構成。
25.	生活巧緻性	小学校入試で出題頻度の高い日常生活の様々な場面における巧緻性の問題集。
26.	文字・数字	ひらがなの清音、濁音、拗音、促音、長音と1～20までの数字に焦点を絞り、練習できるように構成。
27.	理科	小学校入試で出題頻度が高くなっている理科の問題を集めた問題集。
28.	運動	出題頻度の高い運動問題を種目別に分けて構成。
29.	行動観察	項目ごとに問題提起をし、「このような時はどう対処するか、あるいはどう対処するのかを考える」内容の問題集。
30.	生活習慣	学校から家庭に提起された問題と思い、一問一問絵を見ながら話し合い、考える形式の問題集。

No.	分野	キーワード	内容
31.	推理思考	数量、言語、常識（含理科、一般）など、近年の小学校入試問題傾向に沿って、諸々のジャンルから問題を構成。	
32.	ブラックボックス	箱や筒の中を通ると、どのように変化するかを推理・思考する問題集。	
33.	シーソー	重さの違うものをシーソーに乗せた時どちらに傾くのか、またどうすれば釣り合うのかを思考する基礎的な問題集。	
34.	季節	様々な行事や植物などを季節に分類できるように知識をつける問題集。	
35.	重ね図形	小学校入試で頻繁に出されている「図形を重ね合わせてできる形」についての問題を集めました。	
36.	同数発見	様々な物を数え「同じ数」を発見し、数の多少の判断や数の概念の基礎を学べるように問題を構成した問題集。	
37.	選んで数える	数の学習の基本となる、いろいろなものの数を正しく数える学習をするための問題集。	
38.	たし算・ひき算1	数字を使わず、たし算とひき算の基礎を身につけるための問題集。	
39.	たし算・ひき算2	数字を使わず、たし算とひき算の基礎を身につけるための問題集。	
40.	数を分ける	数を等しく分ける問題です。等しく分けたときに余りが出るものもあります。	
41.	数の構成	ある数がどのような数で構成されているかを学んでいきます。	
42.	一対多の対応	一対一の対応から、一対多の対応まで、かけ算の考え方の基礎学習を行います。	
43.	数のやりとり	あげたり、もらったり、数の変化をしっかりと学びます。	
44.	見えない数	指定された条件から数を導き出します。	
45.	図形分割	図形の分割に関する問題集。パズルや合成の分野にも通じる様々な問題を集めました。	
46.	回転図形	「回転図形」に関する問題集。やさしい問題から始め、いくつかの代表的なパターンから、段階を追って学習できるよう編集されています。	
47.	座標の移動	「マス目の指示通りに移動する問題」と「指示された数だけ移動する問題」を収録。	
48.	鏡図形	鏡で左右反転させた時の見え方を考えます。平面図形から立体図形、文字、絵まで。	
49.	しりとり	すべての学習の基礎となる「言葉」を学ぶこと、特に「語彙」を増やすことに重点をおき、さまざまなタイプの「しりとり」問題を集めました。	
50.	観覧車	観覧車やメリーゴーラウンドなどを舞台にした「回転系列」の問題集。「推理思考」分野の問題です。	
51.	運筆①	鉛筆の持ち方を学び、点線なぞりや簡単な迷路や線を引く練習をします。	
52.	運筆②	運筆①からさらに発展し、「欠所補完」や「迷路」などを楽しみながら、より複雑な運筆を習得することを目指します。	
53.	四方からの観察 積み木編	積み木を使用した「四方からの観察」に関する問題を繰り返し練習できるように構成。	
54.	図形の構成	見本の図形がどのような部分によって形づくられているかを考える問題集。	
55.	理科②	理科的知識に関する問題を集中して練習する「常識」分野の問題集。	
56.	マナーとルール	道路や駅、公共の場でのマナー、安全や衛生に関する常識を学ぶ練習問題集。	
57.	置き換え	さまざまな具体的・抽象的事象を記号で表す「置き換え」の問題を扱います。	
58.	比較②	長さ・高さ・体積・数などを数学的な知識を使わず、論理的に推測する「比較」の問題を集めました。	
59.	欠所補完	欠けた絵に当てはまるものなどを求める「欠所補完」に関する問題集。	
60.	言葉の音（おん）	しりとり、決まった順番の音をつなげるなど、「言葉の音」に関する練習問題集。	

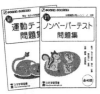

ニチガクの 小学校受験用問題集

分野別・基礎・応用 問題集

ジュニア・ウォッチャー（既刊60巻）

1. 点・線図形　　2. 座標　　3. パズル　　4. 同図形探し
5. 回転・展開　　6. 系列　　7. 迷路　　8. 対称　　9. 合成
10. 四方からの観察　　11. 色々な仲間　　12. 日常生活
13. 時間の流れ　　14. 数える　　15. 比較　　16. 積み木
17. 言葉の音遊び　18. 色々な言葉　　19. お話の記憶
20. 見る・聴く記憶　　21. お話作り　　22. 想像画
23. 切る・貼る・塗る　　24. 絵画　　25. 生活巧緻性
26. 文字・数字　27. 理科　28. 運動観察　29. 行動観察　30. 生活習慣
31. 推理思考　32. ブラックボックス　33. シーソー　34. 季節
35. 重ね図形　36. 同数発見　37. 選んで数える　38. たし算・ひき算1
39. たし算・ひき算2　　40. 数を分ける　　41. 数の構成
42. 一対多の対応　43. 数のやりとり　　44. 見えない数　45. 図形分割
46. 回転図形　47. 座標の移動　48. 鏡図形　　49. しりとり
50. 観覧車　　51. 運筆①　52. 運筆②　53. 四方からの観察-積み木編-
54. 図形の構成　55. 理科②　56. マナーとルール　57. 置き換え
58. 比較②　　59. 欠所補完　60. 言葉の音（おん）　　（以下続刊）

★出題頻度の高い9分野の問題を、さらに細分化した分野
　別の入試練習帳。基礎から簡単な応用までを克服！

まいにちウォッチャーズ 小学校入試段階別ドリル（全16巻）

導入編：Lv. 1〜4　　練習編：Lv. 1〜4
実践編：Lv. 1〜4　　応用編：Lv. 1〜4

★巧緻性・図形・数量・言語・理科・記憶・常識・推理の
　8分野が1冊で学べる。1冊に32問掲載。
　全16段階のステップでムラのない学習ができる。

お話の記憶問題集 −初級・中級・上級編−

★お話の記憶問題のさまざまな出題傾向を網羅した、
　実践的な問題集。

1話5分の 読み聞かせお話集①
1話5分の 読み聞かせお話集②
1話7分の 読み聞かせお話集 入試実践編①

★入試に頻出のお話の記憶問題を、国内外の童話や昔話、偉人伝
　などから選んだお話と質問集。学習の導入に最適。

新 口頭試問・個別テスト問題集

国立・私立小学校で出題された個別口頭形式の類似問題に
面接形式で答える個別テスト問題をプラス。35問掲載。

新 ノンペーパーテスト問題集

国立・私立小学校で幅広く出題される、
筆記用具を使用しない分野の問題を40問掲載。

新 運動テスト問題集

国立・私立小学校で出題された運動テストの類似問題35問掲載。

ガイドブック

小学校受験で知っておくべき125のこと／新 小学校の入試面接Q&A

★過去に寄せられた、電話や葉書による問い合わせを整理し、受験に関するさまざまな情報をQ&A形式でまとめました。
　これから受験を考える保護者の方々必携の1冊です。

新 小学校受験のための願書の書き方から面接まで

★各学校の願書・調査書・アンケート類を掲載してあります。重要な項目については記入文例を掲載しました。また、実際に
　行なわれた面接の形態から質問内容まで詳細にわたってカバーしてあり、願書の記入方法や面接対策の必読書です。

新 小学校受験 願書・アンケート文例集500

★願書でお悩みの保護者に朗報！ 有名私立小学校や難関国立小学校の願書やアンケートに記入するための適切な文例を、
　質問の項目別に収録。合格をつかむためのヒントが満載！ 願書を書く前に、ぜひ一度お読みください！

小学校受験に関する保護者の悩みQ&A

★受験を控えたお子さまを持つ保護者の方約1,000人に、学習・生活・躾などに関する悩みや問題を徹底取材。
　その中から厳選した、お悩み200例以上にお答えしました。「ふだんの生活」と「入試直前」のアドバイスの2本立てで、
　お悩みをスッキリ解決します。

口頭試問最強マニュアル ペーパーレス編

発行日	2020年11月25日　発行	
発行所	〒162-0821　東京都新宿区津久戸町 3-11	
	TH1ビル飯田橋9F　日本学習図書株式会社	
電　話	03-5261-8951 (代)	

ISBN978-4-7761-3123-6
C6037　¥2000E
定価　本体2,000円＋税

詳細は http://www.nichigaku.jp　| 日本学習図書 |　検 索